U0928912

姜子健 著

台海出版社

**图书在版编目（CIP）数据**

衣冠南渡 / 姜子健著 . -- 北京 : 台海出版社 ,
2025. 6. -- ISBN 978-7-5168-4236-2

Ⅰ. K203

中国国家版本馆 CIP 数据核字第 20250RH675 号

## 衣冠南渡

**著　　者：** 姜子健

**责任编辑：** 魏　敏
**封面设计：** 天下书装

**出版发行：** 台海出版社
**社　　址：** 北京市东城区景山东街 20 号　　**邮政编码：** 100009
**电　　话：** 010-64041652（发行，邮购）
**传　　真：** 010-84045799（总编室）
**网　　址：** www.taimeng.org.cn/thcbs/default.htm
**E - mail：** thcbs@126.com

**经　　销：** 全国各地新华书店
**印　　刷：** 三河市祥达印刷包装有限公司
本书如有破损、缺页、装订错误，请与本社联系调换

**开　　本：** 710 毫米 ×1000 毫米　1/16
**字　　数：** 210 千字　　**印　　张：** 13.5
**版　　次：** 2025 年 6 月第 1 版　　**印　　次：** 2025 年 9 月第 1 次印刷
**书　　号：** ISBN 978-7-5168-4236-2

**定　　价：** 59.80 元

# 前言

## 当我们谈论南方和北方时，我们在谈论什么

你是南方人，还是北方人？

这个问题很简单。关于中国南方与北方的区分，我们有一条清晰的判断标准，那就是以“秦岭—淮河”为分界线。

为什么是以“秦岭—淮河”为分界线？

地理课本上解释得很清楚，主要是因为这条线的南北气候差异显著，并且导致两地人在饮食、习惯、风俗等方面存在较为明显的区别。

其实，早在春秋时期，晏子就说过一句名言：“橘生淮南则为橘，生于淮北则为枳。”尽管这句话受限于时代认知，放在今天并不成立[①]，但至少可以佐证一个事实：两千多年前，人们已认识到淮河南北气候的不同。

然而，若想用这么一条线，泾渭分明地区分南方与北方，就未免太草率了。

① 从现代生物学的研究来看，橘和枳为芸香科不同属物种，而非同一物种的变异；在中国，橘主要生在南方，枳则南北方都有分布，且并不以淮河为分界线。

比如咸甜豆腐脑之争。在我们的刻板印象里，南方人自古喜欢甜豆腐脑，北方人则偏爱咸豆腐脑。可事实真是这样吗？

北宋科学家沈括在《梦溪笔谈》中说道："大底南人嗜咸，北人嗜甘。"这与我们的刻板印象恰好相反。

为什么会这样呢？

在古代相当长的一段时间里，糖并不像盐那样常见，而是属于"奢侈品"。与其说是北方人更喜欢吃甜食，不如说是北方经济更为发达，百姓更为富有，制糖技术也更为先进。

那么，南方人是何时爱上甜食的？或者说，南方是何时崛起的，中国的经济重心又是何时转移到南方的？

这正是本书将要讲述的内容。

中原①，作为华夏文明的重要发祥地，一度是中国的代名词，它见证了无数的朝代更迭和英雄起落。至于南方，则被视为"蛮荒之地"，尤其是岭南、川蜀、海南，常常被当作罪犯的流放地。

彼时，南方与北方的差距，说是天壤之别也不为过。改变这一格局的，是历史上三次著名的"衣冠南渡"②。

"衣冠南渡"一词，最早出自唐朝史学家刘知几的《史通》："自洛阳荡覆，衣冠南渡，江左侨立州县，不存桑梓③。"这里的"衣冠"，原意是士族阶层的服饰，代指缙绅、士大夫群体；南渡，顾名思义，就是大规模渡江来到南方。事实上，南渡的并不只是贵族、精英阶层，在他们背后，还有无数远离故土的百姓。

---

① 在多个历史时期，中原的含义并不相同，但整体而言，可泛指以河南为中心的黄河中下游地区。

② "衣冠南渡"初指西晋末年永嘉之乱后，北方士族及百姓大规模南迁的历史事件。史学界亦有观点认为，唐朝和宋朝的两次大规模人口南迁，也应归为"衣冠南渡"的现象。

③ 桑梓，代指故乡。

这三次南渡，分别出现在三次重大的王朝危机之际。

西晋末年，“八王之乱”和少数民族暴动相继爆发，北方战火连绵。西晋宣告结束，东晋于江南立足。刘知几所描述的北方人民失去故乡的现象，就发生在这一时期。

唐朝中期，安史之乱爆发，唐玄宗逃出长安前往蜀地，硝烟弥漫之下，北方的士族、百姓只好选择到南方避难。

靖康年间，宋徽宗与宋钦宗被金人俘虏，北宋政权落幕。宋高宗建立南宋，最终落脚杭州，杀岳飞而求和于金，偏安一隅。

上述每一次士族乃至政权的迁徙，都为南方带来大量人口，而依附在人身上的经验、技术、文化，又成为浸润南方土壤的源泉。三次“衣冠南渡”层层递进，经济重心最终完成从北方到南方的转移。

现在，我们再来回答前面那个问题：南方人是何时爱上甜食的？

北宋灭亡后，南宋统治者用屈辱的条约换来和平，却意外迎来经济的空前发展，北方的制糖技术和工业也在南方迅速推广开来。糖不再稀有，最终成为南方饮食文化中不可或缺的元素。

由此可见，南方与北方，并不只是空间上的地理概念，在时间维度上，它还是一个极其重要的历史概念。比如，南宋与金朝的国土划分，是以“淮河中游—大散关”为界，与如今南北分界线高度重合。

这真的只是巧合吗？

南方与北方演变成如今的模样，难道也是巧合吗？

或许，你会在这本书中找到答案。

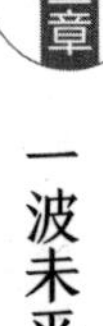
第三章 一波未平，一波又起

他们是少数民族，但不是少数群体 / 36

是反抗压迫，还是趁火打劫 / 41

迁都能改变国运吗 / 47

第四章 王与马，共天下

为什么士大夫要去江南 / 54

铁打的司马，流水的门阀 / 60

故园被抛弃后，遭遇了什么 / 67

**第二部分 玄宗幸蜀：盛唐的挽歌**

第五章 帝国的下坡路

明主变昏君，唐玄宗究竟做了什么 / 74

盛世的窟窿 / 81

谁喂肥了安禄山 / 88

# 目录

## 第一部分　永嘉南渡：士大夫的救赎

### 第一章　从万马奔腾到万马齐喑


为什么说晋武帝晚节不保／2
智力有缺陷，为何还能当皇帝／7
现实中的宫斗，究竟有多癫／13


### 第二章　八王之乱，到底有多乱


在哪里站起来，就在哪里跌倒／20
金墉城不相信眼泪／25
贾南风死了，天下就会太平吗／30

谁终结了百年和平 / 146

『联金灭辽』是自掘坟墓吗 / 153

## 第十章 靖康，不只是一个年号


金兵侵宋的底气来自哪里 / 160

犬父无虎子 / 166

宋钦宗是不能战，还是不敢战 / 174


## 第十一章 收复河山，或者偏安一隅


宋高宗的两副面孔 / 184

岳飞败给了谁 / 190

逃避虽然可耻但有用 / 197

# 目录

## 第六章 国破山河在


安禄山为什么会造反／96
唐军为何不堪一击／102
晚年的唐玄宗，到底有多糊涂／108


## 第七章 马嵬坡下的血与泪


长安三万里，却无容身之地／116
杨贵妃非死不可吗／121


## 第八章 这盛世，如谁所愿


上蜀道，还是上青天／128
重返长安，大唐还是那个大唐吗／133


# 第三部分 建炎南渡：少有人走的路

## 第九章 既要又要，最终会得到什么


为什么说燕云十六州是北宋的心病／140

第一部分

# 永嘉南渡：士大夫的救赎

## 第一章 从万马奔腾到万马齐喑

# 为什么说晋武帝晚节不保

公元 266 年 2 月 8 日，冬春之交。这一天是晋王司马炎的大日子。

洛阳南郊的祭坛已经堆好木柴，文武百官、匈奴南单于、周边部族使者等数万人齐聚于此，等候盛事。

时辰已到，木柴被点燃，熊熊火焰驱逐着空气中的寒意，司马炎恭谦地向天宣告道：“作为皇帝的臣子，我斗胆献上黑色公牛，明确地禀告天帝：魏元帝已顺应国运、遵从天命，将皇位传给了我。”[①]

柴燎告天的祭礼结束后，司马炎入主洛阳皇宫。太极殿上，司马炎再次强调：“魏氏高瞻远瞩，借鉴古训，以尧、舜为榜样，又广泛咨询群臣的意见，才将国家的命运交给朕。朕敬畏天命，不敢违抗。”

当日，司马炎颁布诏敕，封诸王、赏官爵，废旧制、立新规，改年号为“泰始”，大赦天下。至此，曹魏政权正式退出历史舞台，西晋王朝粉墨登场。司马炎在位二十四年（西晋共持续五十一年），五十五岁病逝，谥号武皇帝，后

① 为便于阅读，本书已将史籍记载的对话或描述内容尽量翻译成白话文。

世称其为晋武帝。

如果我们只看司马炎的那番言论，就会得出一个结论：魏元帝效仿尧舜，退位让贤，主动将皇位禅让给司马炎。倘若事实如此，也不失为一段历史佳话。可残酷的是，政治不是童话，真相恰恰相反。

司马炎到底是如何登上皇位的？本书将在《在哪里站起来，就在哪里跌倒》一节中讲述。现在，我们先来看看，司马炎在他统治的二十五年里，是怎样打造出繁华盛世，又是怎样亲手将其送上末路的。

这一年，晋武帝正好三十岁，满腔抱负的他，迫不及待要大展拳脚。

登基之后，晋武帝免除百姓一年租赋和关市之税，将旧账和欠债一笔勾销；给鳏夫、寡妇、孤儿、独居老人等生活困难的群体，每人发放五十斗粮食；为丢失官爵之人恢复原职；等等。

此前，曹魏王朝盛行奢靡之风，晋武帝对此深恶痛绝。新朝建立不过几天，他便发布诏敕，弘扬节约、俭朴之风气。他以身作则，取出帝王府库中的珠宝珍玩，赏赐给群臣；禁止乐府排演花费较大的百戏；削减各郡国贡品、税收。有一天，太医司马程据献上一件华丽的裘衣，晋武帝直接在大殿之上将它烧毁，以警示百官。

在用人之道上，相比于曹氏的“苛刻”，晋武帝也表现得极为宽厚。过去一些出于种种原因没有得到重用的人才，比如曹植之子曹志、诸葛瞻之子诸葛京、嵇康之子嵇绍等，都得到了晋武帝的提拔。此外，晋武帝还重视谏官，广开言路。

这些还远远不够。晋武帝通过“禅让”坐上皇位，但缺乏显著功绩，想要名扬千古，他还需要完成一件大事，一件他的祖辈、父辈都没能做到的大事。

东汉末年，天下纷争。公元220年，曹丕称帝，短短几年之内，蜀汉和东吴也相继建立政权，三国鼎立的局面正式形成。数十年间，太多人想过终结这分裂的局面，为此，无数英雄争锋又陨落。正如杨慎在《临江仙》中的感慨：“滚滚长江东逝水，浪花淘尽英雄。是非成败转头空。青山依旧在，几度夕阳红。”

但历史终究不是浪花，是非成败，早晚会有定论。

公元 263 年，魏国灭蜀。

公元 264 年，吴国孙皓继承帝位，不久便实施暴政，过上贪图享乐、不思进取的日子。

公元 266 年，司马炎称帝，建立西晋。

如今看来，这条时间线颇为微妙，似乎往昔英雄们所付出的一切，都在为晋武帝的统一大业铺路架桥。

然而，新政伊始，百姓需要休养生息，并且朝中势力错综复杂、暗流涌动，发动大规模战争的时机尚不成熟。不过，既然晋武帝心中早已产生统一的志向，自然不会干坐着。

公元 269 年，晋武帝任羊祜为卫将军、车骑将军，都督荆州诸军事，出镇襄阳（隶属于荆州），便是为伐吴大计做准备。羊祜抵达荆州后，屯田兴学、扩军练兵，与吴国明争暗斗，等待时机到来。

没过几年，吴国大将陆抗病逝，吴国内部矛盾激化，羊祜打造的水军、舰队也初步成形。公元 276 年，时任征南大将军的羊祜万事俱备，于是上书晋武帝，陈述伐吴的天时、地利、人和等条件。他还制定出一套军事策略，事无巨细，势在必得。

尽管晋武帝十分赞同羊祜伐吴的主张和方案，却无奈大多数朝臣反对，征战之事只好再次搁置。

两年后，羊祜病逝。去世之前，羊祜推举杜预接替他的位置。杜预任职镇南大将军、荆州刺史后，不断上奏晋武帝，催促他早下伐吴决心。

羊祜去世一周年之际，公元 279 年，晋武帝力排众议，举兵二十余万，分六路向吴国发起进攻。和羊祜生前的设想一样，伐吴之战非常顺利，不到半年时间，孙皓投降。

公元 280 年春，西晋成为中国历史上第三个大一统王朝。晋武帝的祖父司马懿和父亲司马昭的夙愿，终于由他实现。

不过，对于晋武帝来说，这还不够，他要的不只是统一，还有盛世。

其实，自西晋代魏以来的十四年间，除了伐吴，晋武帝并未发起过其他大规模战争，社会环境相对稳定，加上休养生息的政策，不知不觉间，西晋已逐渐展现出繁荣的迹象。平吴之后，百姓高呼“天下无穷人”，晋武帝也将年号从“咸宁”改为“太康”。

太康元年（公元 280 年），晋武帝又颁布两条新政：去州郡兵、实施户调式。

去州郡兵是一项军事措施，主要内容是裁减各州郡的军队，大郡设置武吏一百人，小郡只留五十人，其余州郡兵员一律归农。这项措施在历史上存在一些争议，与后来西晋王朝的覆灭脱不了干系，但在当时，这一举措确实减轻了国家财政负担，促进了农业发展。

至于户调式，则是一项土地政策，包括占田制、户调制和荫客制。这些政策相互补充，共同规定了士族和百姓的土地、税收等事项，在限制士族豪强利益、恢复农业生产上，起到积极作用。

这两项举措，反映出晋武帝建设理想国家的愿景：国泰民安，无战无乱。

之后的事，正如晋武帝所愿。自公元 280 年始，西晋进入“太康之治”，并持续十年之久。据《中国人口史》考证，太康年间，西晋人口鼎盛时可能已达到三千五百万，而汉魏之交时全国人口数量最低时只有两千两百万。

那么，十年之后，这盛世为何会戛然而止?

答案同样在晋武帝身上。

天下一统，国富民安，晋武帝的抱负终得实现，这时，他生起懈怠之心。讽刺的是，立国之初，晋武帝大力宣扬的节俭之风，早已荡然无存，在他的“引领”之下，西晋掀起一股奢靡浪潮。从晋武帝统治后期到他死后几年内，金钱至上的理念在民间大行其道，钱成为“神物”，“能转祸为福，因败为成。危者得安，死者得生”①。

---

① 语出西晋文学家鲁褒所作《钱神论》。

晋武帝是如何对待奢靡、拜金的风气的呢?《晋书》中记载了这样一个故事，我们可以从中窥知一二。

晋武帝的舅舅王恺，常常和石崇斗富。石崇是西晋开国元勋石苞之子，腰缠万贯，他修建的金谷园，可与皇家园林媲美。王恺用紫丝制作四十里长的步障①，石崇就用锦制作五十里长的步障；石崇用花椒粉刷墙壁，王恺就用红色石脂粉刷墙壁。

这两人斗得不亦乐乎，晋武帝有时也会凑热闹，给王恺提供一些“帮助”。有一回，晋武帝赐给王恺一棵两尺多高的珊瑚树。王恺得意地将珊瑚树摆到石崇面前，大肆炫耀。石崇当场就拿起铁如意，将珊瑚树砸得粉碎。王恺很愤怒，以为石崇嫉妒他的宝物。没想到，石崇轻描淡写地说:“别生气了，我现在就赔给你。”他随即命人搬来家里的珊瑚树，其中三四尺高的就有六七棵，两尺多高的就更多了。

除了铺张、奢靡，晋武帝还开始纵情声色。

晋武帝原本就有很多妃嫔，平吴之后，他又将孙皓宫中几千名女子纳入后宫，这样一来，晋武帝的后宫人数就接近一万了。晋武帝宠爱的妃嫔太多，常常不知道该去找谁。最后，他想出一个办法：乘坐羊车在后宫转悠，羊车停在哪里，晚上就去哪里。为此，有些妃嫔也想出应对之策，比如在宫门上插上竹叶，或者在地上洒下盐水，以吸引拉车之羊前来停留。

不知登基之时晋武帝是否想过，意气风发的屠龙者，最终也会堕落成一条恶龙。更可笑的是，纵欲享乐过度，竟成为摧垮晋武帝身体的最后一根稻草，以致他晚年卧床不起、神志不清。

倘若仅仅如此，晋武帝的过失还不算太严重，可他的另一个决定，却是一枚重磅炸弹。晋武帝去世后不久，这枚炸弹终被引爆，很快便将繁华盛世乃至整个西晋王朝，炸成一片狼藉。

---

① 步障，古代用来遮挡视线或者尘土的一种屏幕，通常用大面积的珍贵材质制作而成，主要在贵族或富人出行时使用，属于奢侈用品。

# 智力有缺陷，为何还能当皇帝

中国历史上有位皇帝，很多人不知道他的名字，却听过一个关于他的故事。

某年饥荒爆发，常有百姓饿死，皇帝听闻后，不解地问："他们为什么不吃肉粥呢？"

这位皇帝，就是西晋第二位君主，晋惠帝司马衷。

"何不食肉糜"的典故，记载于《晋书》之中。若不是有正史作证，人们很难相信，这句话会出自堂堂帝王之口。

然而，仅仅因此而断定晋惠帝不关心民间疾苦，多少对他有些误解。

晋武帝嫡长子司马轨幼年夭折，嫡次子司马衷九岁时，被立为太子。

这件事情本身没有任何问题，问题出在司马衷身上。司马衷的言行举止，常常表现得迟钝、无知，在后世对他的评价中，"愚"是一个频繁出现的字，比如明末思想家王夫之就曾说过："惠帝之愚，古今无匹。"

在史书的记载和评价中，司马衷智力发育迟缓似乎是不争的事实，甚至还有人称他为"白痴皇帝"。不过，这些只能说明司马衷智力存在缺陷，并不能证明他的"昏庸"。恰恰相反，司马衷说出"何不食肉糜"，很可能是出于关心。

历史上真实的晋惠帝，在数次饥荒爆发时，都会积极赈灾，发放粮食、布帛等物资，减免税收，甚至赦免因灾害而犯罪的百姓。

话说回来，智力缺陷也好，昏庸无能也罢，难道晋武帝和朝中百官，丝毫没有察觉出司马衷的异常吗?

当然不是，他们不仅心知肚明，还为此闹得朝野不宁。

那么，司马衷为什么还能当上皇帝呢?

总体而言，司马衷的继位过程可以分为三个阶段，每个阶段都离不开晋武帝的决定，而这些决定又制造出更多的隐患，将整个国家一步步引向深渊。我们在前文中提到，晋武帝为西晋埋下的重磅炸弹，便是他在立储过程中犯下的一连串错误。

我们先来看看第一个阶段：司马衷是如何成为太子的。

起初，晋武帝也怀疑司马衷是否有能力处理政务，犹豫之际，他与皇后杨艳商议此事。杨艳是司马衷生母，强烈反对更换太子。晋武帝宠爱杨艳，她的意见自然很重要。另外，在册立太子妃时，晋武帝原本更倾向于重臣卫瓘的女儿，但杨艳收了另一重臣贾充的妻子的贿赂，力荐贾充之女贾南风，最终，司马衷迎娶贾南风为太子妃。这件看似不经意的小事，最终改变了西晋命运的走向，此为后话。

立储之后，晋武帝不放心，时常派人观察太子言行。有一回，晋武帝召集东宫官员，命他们拿来尚书省的事务，让太子裁决。司马衷答不上来，贾南风很担心，便派她身边的人替太子作答。答文中引用了大量古代典籍，给事张泓看到后，对贾南风说:“陛下知道太子学问有限，应该根据实际情况去处理这些事务，而不是引用书本上的知识。”贾南风非常高兴，对张泓说:“你替我好好作答，以后的富贵与你共享。”随后，张泓草拟了一份答卷，让太子抄写一遍，呈交晋武帝。晋武帝阅后大喜，将答卷递给卫瓘等人，而卫瓘，正是质疑司马衷能力的代表人物。

当然，光凭这些，还不足以让司马衷坐稳太子之位。

公元278年，司马衷的儿子司马遹出生。司马遹并非嫡子，而是司马衷与晋武帝派到东宫侍寝的才人所生。司马遹天资聪颖，深受晋武帝喜爱。晋武帝常常在大臣面前称赞司马遹遗传了司马懿的品貌，认定这位皇孙将来能够兴旺司马家大业。

如此一来，晋武帝不再动摇，决心将皇位传给司马衷。

可是，朝中大臣的想法并不一致。关于司马衷资质的争议，从他幼年起就没有停止过。那么，我们便来说说司马衷继位的第二个阶段：他是如何让群臣“信服”的。

朝堂之上，一派大臣认为，立司马衷为太子，是合乎礼制之举，如果太子能力不足，他们可以全力辅佐。另一派大臣则主张，太子无能，理应废黜，并改立他人为储君。

这个他人是谁呢？晋武帝和百官都再清楚不过。

司马攸，晋武帝胞弟，少年时期在才学、名望上，都高过司马炎一筹，因此更受祖父司马懿器重。很快，司马攸因为军功、承袭等，一路升官晋爵。父亲司马昭独揽大权时，常常透露出对司马攸的偏爱。比起司马炎，司马昭更想立司马攸为晋王世子，但由于裴秀等重臣反对，司马昭最终选择了司马炎。

司马炎即位后，封司马攸为齐王，后来又任他为骠骑大将军、镇军大将军，兼侍中、太子太傅，位列三公。

在当年的立储风波中，司马攸本人并没有表现出竞争意愿，晋武帝是否心怀芥蒂也难以考证。然而数十年后，司马攸再次被推上风口浪尖，竟然是因为同样的事情。

早在平吴之前，公元275年，晋武帝染上重病。在晋武帝不省人事期间，很多朝臣认为司马衷不堪大任，如果晋武帝驾崩，他们希望司马攸能够继承皇位。晋武帝才四十岁，原本还不用这么早考虑身后之事，经此一病，他不得不警惕起来。

太康三年（公元282年）年末，晋武帝下令，命司马攸归藩。西晋早期，藩王大多留在京都辅政，藩国之事通常有人代为打理。归藩，就意味着被驱逐出京都，政治价值将大打折扣。

这一诏敕令司马攸不悦，虽然他本人没有表达太多不满情绪，但支持他的大臣们坐不住了，一时间“远迩惊呼，朝野失望”。他们不断向晋武帝谏言，请求将司马攸留在京都，甚至暗示晋武帝：让司马攸归藩，可能会招致亡国之祸。

晋武帝是什么反应呢？他态度强硬，或撕毁奏疏，或充耳不闻，或将上奏之人贬官。总之，他是铁了心要赶走司马攸。

太康四年（公元 283 年）年初，晋武帝再次催促司马攸启程，并给予他诸多优厚待遇。司马攸没有立刻出发。他并非要抗旨，而是因为疾病缠身。

司马攸请求前往洛阳东郊，为生母守陵。晋武帝驳回了他的请求，让御医前去诊断。御医私下揣度：晋武帝并不在意司马攸是否生病，他只在意司马攸能否离开京都。所以，尽管司马攸病情不断恶化，御医却告诉晋武帝，司马攸没有生病。

司马攸还能说什么呢？他端正仪态、保持威严，进宫向晋武帝辞别。晋武帝见司马攸举止如常，越发坚信御医的诊断，认为他在装病。

两天后，在出发前往齐国的路上，司马攸吐血身亡，年仅三十七岁。

司马攸死后，朝中势力悄然发生变化。那些曾经推举和反对司马攸的大臣，都不同程度上受到晋武帝冷落，在政治上逐渐失势。

有人失势，就会有人得势。数年前，皇后杨艳患病，临终之际，她担心胡贵嫔会成为皇后，从而对司马衷不利。于是，杨艳枕在晋武帝膝上，声泪俱下道：“我叔父杨骏有个女儿叫男胤（杨芷小字），容貌和品德都出众，希望陛下将她纳入后宫。”晋武帝为之动容，答应了她。杨艳丧期结束后，晋武帝册立杨芷为皇后。随后，杨芷的父亲杨骏，以及杨骏的两个弟弟杨珧和杨济，逐步权倾朝野，当时人称“三杨”。

外戚“三杨”登场，为司马衷保驾护航，即便朝中偶有反对声音，也无法再起波澜。那么，接下来就是司马衷继位的第三阶段：旧帝驾崩，新皇当立。

太康十年（公元 289 年）十一月，晋武帝病倒。垂危之际，晋武帝想到皇孙司马遹不是贾南风所生，担心会引发祸乱，便和亲信一起安排身后之事。经过一番焦灼的讨论之后，晋武帝任命叔父汝南王司马亮为大司马、大都督，封太子胞弟司马柬为秦王，封另外两个儿子司马玮、司马允分别为楚王和淮南王。此外，晋武帝还分封八位皇子皇孙，以此来巩固皇室力量。晋武帝为防止外戚篡权，又让王佑担任北军中候，掌管禁卫军。

由此可见，晋武帝比任何人都清楚，司马衷继位和杨氏掌权的后果将会多严重。按照他的部署，朝中势力将会互相牵制，司马衷便可坐稳皇位。

四个月后，晋武帝病重。彼时，很多有威望的老臣不是驾鹤西归，就是年迈致仕，司马亮、卫瓘等人，也相继被杨骏排挤出朝堂。另外一位重臣张华，此前因为支持齐王司马攸、反对太子司马衷，加之政敌进谗言，被晋武帝外放。此时，“侍奉”在晋武帝身边的大臣，仅有杨骏一人。晋武帝神志迷糊时，杨骏大肆提拔心腹；晋武帝清醒后，见杨骏所用非人，虽然会大声斥责，却什么也做不了。

当时，司马亮被派往许昌，但尚未启程。有一天，晋武帝趁着清醒之际，让中书省撰写遗诏，命司马亮留在洛阳，与杨骏共同辅政，并为司马衷安排了一些有能力的年轻官员。杨骏得知后，找理由借来诏书，偷偷将它藏起来。中书监惶恐不安，找杨骏索要，杨骏故意转移话题，拒绝交出诏书。

不巧的是，晋武帝此时又陷入混沌状态，皇后杨芷趁机奏请，让杨骏辅国。晋武帝稀里糊涂地点了点头。

不久，杨芷代替晋武帝召见中书监和中书令，口述晋武帝旨意，让他们重新撰写遗诏。这份遗诏详细安排了杨骏的职务，拜他为太尉、太子太傅、都督中外诸军事、侍中、录尚书事，兼掌文武大权，由他一人全权代理皇帝行使职权。至于国家政事，诏书中一字未提。

中书监和中书令将遗诏呈给晋武帝，晋武帝迷迷糊糊，什么也没说。接着，杨芷催促司马亮早点出发前往许昌。这时，晋武帝突然说了一句话：“汝南王没有来吗？”晋武帝似乎对司马亮有所托付，可侍者还没来得及回答，他就昏睡了过去。

太熙元年（公元 290 年）四月二十日，晋武帝驾崩，终年五十五岁。晋武帝穷尽半生，统一全国、开创盛世，试图为三世基业铺好道路；他绞尽脑汁，极力避免最糟糕的事情发生，却做梦也想不到，他越害怕什么，就越会发生什么。

# 现实中的宫斗，究竟有多癫

太熙元年（公元 290 年）四月，晋武帝驾崩后，司马衷继位，即晋惠帝。

晋惠帝与谢才人所生之子司马遹，被册立为皇太子。

贾南风从太子妃变成皇后，杨芷从皇后变成皇太后。

杨骏如愿当上太傅和大都督，总揽辅政大权。杨骏的数名心腹和亲属，也都担任军事或政务要职。所有诏敕，杨骏都会先呈给晋惠帝过目，经皇太后杨芷确认后，再递交尚书台执行。

至于司马亮，因为畏惧杨骏而谎称生病，连晋武帝的葬礼也没参加，只在城门外表达哀悼之情后，半夜离开洛阳，前往许昌。

大臣们劝说杨骏将司马亮留在京都，杨骏置若罔闻。杨济对尚书左丞傅咸说：“如果我的兄长征召大司马入朝，自己选择退避，不与他争锋，那么，我们家族的地位和名誉就能够保全。”傅咸则说：“只要杨骏召回司马亮，共同推崇公正无私的理念，就能实现太平，没有必要退避。”

尽管他们与晋武帝的出发点不同，却也算殊途同归。如果杨骏愿意和司马亮共同辅政，杨氏家族、晋惠帝乃至整个西晋，也许就不用经历那场浩劫。

辅政期间，杨骏处事严苛、烦琐，且刚愎自用。他在朝野上下缺乏足够的名望，加上理亏、心虚，于是大肆收买人心，他滥封爵位，免除天下田赋、户调一年，诸如此类，不一而足。

那么，杨骏究竟在害怕谁呢?

是不满外戚专政的朝堂大臣吗？还是手握重兵的宗室藩王？固然，这些人令杨骏头疼，但另一个人，彼时虽然权力有限，却更让杨骏感到不安。

这个人就是皇后贾南风。

贾南风其人如何，本书在前文中略有提及：她是重臣贾充之女，在父母操作下成为太子妃；晋武帝考验太子司马衷时，他命人作弊，助司马衷度过一难。

太康三年（公元 282 年），贾充去世，贾南风政治联姻的价值大打折扣，加上她与司马衷一直没有生育儿子，存在感日渐下降。

然而，贾南风是个不安分的人。

据《晋书》记载，贾南风性格善妒，做事心狠手辣，曾亲手杀死多人。司马衷既受贾南风迷惑，又畏惧于她，对她言听计从，以至于其他姬妾很难得到司马衷宠幸。

早在选太子妃时，晋武帝就对贾南风颇有微词，但碍于贾充的关系和皇后的面子，才选择睁一只眼闭一只眼。贾南风却不知收敛，直到彻底惹怒晋武帝。

有一天，贾南风取来一杆戟，投向司马衷一位妾室的肚子。那名妾室怀有身孕，腹中胎儿因戟刃刺入而坠地。晋武帝听说这件事后，雷霆大怒。当时，金墉城[①]已经修葺完毕，晋武帝产生了废黜太子妃的念头。

杨珧对晋武帝说：“陛下，难道您忘了贾充的功绩吗？”多名大臣、妃嫔，甚至继后杨芷，都纷纷站出来调解此事，晋武帝只好作罢。

立太子妃之事上，杨艳力荐贾南风；废太子妃之事上，杨芷、杨珧为她说

① 金墉城，位于都城洛阳西北角，魏文帝曹丕在东汉旧城基础上修建而成，多用作皇帝游乐的别宫或军事堡垒，同时也是监禁皇族之地。曹魏灭蜀后，蜀汉孝怀皇帝刘禅被囚禁于此，乐不思蜀，并在这里去世。刘禅小名阿斗，因此后世也称金墉城为阿斗城。

情。按理说，杨氏对贾南风有大恩，那么杨骏为何会忌惮她呢？

原来，贾南风并不知道杨芷帮助过她，而杨芷曾多次训诫、劝告贾南风，贾南风认为杨芷对她有意见，在晋武帝面前说她坏话，便对杨芷怀恨在心。司马衷即位后，贾南风不想侍奉杨芷，并试图干预朝政，被杨骏压制下来。

一颗复仇与夺权的种子，从此根植于贾南风内心。尽管彼时贾南风势单力薄，但她清楚自己要什么，不达目的绝不罢休。

贾南风的政变，大致可以分为三个步骤，而这第一步，就是集结讨伐杨氏的力量。

杨骏知道，贾南风记仇、残虐，早晚会报复他。可杨骏不知道的是，贾南风的动作竟然会如此之快。

短短几个月时间，朝中反对外戚专政的呼声越发响亮，这离不开贾南风的运作。不过，仅仅是呼声还远远不够，制造舆论也只是贾南风的铺垫。

要推翻杨氏一党，贾南风还需要帮手，虽然晋惠帝依赖她，可他大权旁落，智力、能力也有限，怎么办？

贾南风首先想到一个人：董猛。

董猛是一名太监领班，很久前就在东宫做事，算是贾南风的心腹。贾南风私下告知董猛，她计划废掉皇太后，让董猛结交李肇和孟观。

李肇和孟观都是殿中中郎，他们不受杨骏待见，对杨骏心怀怨恨，因此与贾南风一拍即合。殿中中郎这个官，虽然职位不高，但负责统领殿中士兵保护皇帝，能够联络宫廷内外，既不会引起杨骏注意，又可以灵活行事。

但要诛杀杨骏、废黜皇太后，她还需要更强大的军事力量。

司马亮是晋惠帝的叔祖父，又与杨骏素来不和，自然成为贾南风的首选。于是，贾南风派李肇联系司马亮，试图拉他入伙。

听完贾南风的请求，司马亮婉拒出兵。他对李肇说："杨骏残暴至极，活不了多久，不必担心。"晋武帝驾崩后，杨骏打算对司马亮不利，有大臣劝司马亮趁机讨伐杨骏，司马亮没有同意，转身避往许昌。至于司马亮为何一直不想与杨骏正面对抗，从现有史料中，我们已难以考证。

还有谁既有维护司马氏皇权的动机，又能够与杨骏抗衡呢？

按照晋武帝的临终安排，京城中原本有一位掣肘杨骏的人物：掌管禁卫军的北军中候王佑。王佑早先是杨骏的心腹，后来脱离杨骏集团。杨骏掌权后，将他赶到地方上任职。

此外还剩下秦王司马柬、楚王司马玮和淮南王司马允，他们手握军权，各自驻守要地。其中司马柬与司马衷是同胞兄弟，均为杨艳所生，杨艳又是杨芷的堂姐，贾南风不想冒这个险，便优先选择了司马玮。

与司马亮的态度恰恰相反，司马玮爽快地答应与贾南风合作，很快就上奏请求入京。

杨骏向来顾忌司马玮，担心他在外生变，早就想将他放在身边盯着。杨骏见司马玮主动要来洛阳，心中欣喜，立刻批准。

永平元年（公元 291 年）二月二十日，司马玮与司马允一同入朝。

贾南风从孤军作战到集结成党，过程虽然有些曲折，但总算迈出第一步。接下来，她要走的第二步，就至关重要了。

司马玮来到洛阳后，贾南风很快就确定好政变时间。

三月初八夜，一切按计划进行：

孟观、李肇前往皇宫，请求晋惠帝撰写诏敕，令全城戒严，解除杨骏一切职务；

司马繇率领殿中四百人，与带着诏敕的使者一同出宫；

司马玮带兵，驻扎于司马门；

车骑将军司马晃，屯兵东掖门；

贾南风本人，则被皇太后杨芷召至身边。

陷进已经布下，就等猎物现身，杨骏又在哪里呢？

据《晋书》记载，杨骏当时就在府邸，他听闻朝廷生变，召集群臣商讨对策。有人提议烧掉云龙门以示威，调入东宫和外营军队，再挟太子入宫。可杨骏一向胆小、懦弱，他说：“魏明帝建造了这么宏伟的建筑，怎么能烧掉它呢？”

随后，大臣们各自找了借口离开。

殿中军队一路冲出来，将杨骏府邸围住并射箭、放火，杨骏和他的人无法突围。最终，躲在马厩中的杨骏被士兵当场杀死。杨珧、杨济，以及杨骏的众多亲属、心腹，悉数被孟观抓获，数千人被处死。

另一头，杨芷和贾南风的处境也颇为惊险。

政变发生时，皇太后杨芷处于深宫，与外界隔绝，她只好在白绢上写下“救太傅者有赏”几个字，附在箭矢上射向城外。

那么，贾南风在做什么呢？

1953年，洛阳出土了一块“晋徐美人墓石”，墓石上有一篇碑文，名为《晋贾皇后乳母美人徐氏之铭》。据这篇碑文所述，徐义是贾南风的乳母，跟随贾南风进宫，时常伴随左右。政变之时，杨芷召唤贾南风到她身边，暗中观察并等待时机，准备对贾南风下手。徐义发现情形不对劲，于是编造谎言，设法让贾南风离开，才化险为夷。

之后，贾南风宣称，杨芷参与杨骏谋反，将她幽禁于永宁宫。

事情发展到这里，贾南风已经达到目的，可她并没有打算收手。贾南风对杨芷的报复行为持续了近一年。

在贾南风的唆使下，多名大臣上奏晋惠帝，请求将杨芷贬为庶人，送往金墉城。晋惠帝无奈之下，只好同意。

说来实在讽刺，晋武帝曾打算废黜贾南风的太子妃之位，将她关进金墉城。晋武帝最终没有这样做的原因之一，便是杨芷为贾南风说情。如今，贾南风得势后，金墉城反而成为杨芷的囚笼。

在群臣的压力之下，晋惠帝批准处死杨芷的母亲庞氏。庞氏临刑前，杨芷抱住母亲号啕大哭。她对着贾南风断发、磕头，卑称自己为“妾”，为母亲求情，贾南风却视而不见。

这还不足以消解贾南风的心头之恨。庞氏死后，杨芷被关进金墉城，贾南风又将她身边的十多名侍女全部遣走，并且不再为她提供食物。

元康二年（公元292年）二月初一，断食八天的杨芷最终饿死，终年三十四岁。贾南风迷信，害怕杨芷死后向晋武帝诉冤，便蒙住她的脸下葬，还在棺材上张贴符文。

无论是出于妒忌、报复，还是对权力的渴望，贾南风这一系列操作，可谓疯癫至极。

距离晋武帝驾崩不到两年，西晋王朝的局势像过山车一样，几经变故之后，前路越发扑朔。至此，贾南风距离实现野心，还差最后一步。

# 第二章　八王之乱，到底有多乱

## 在哪里站起来，就在哪里跌倒

“三杨”既灭，如果贾南风趁势把持朝政，那么，西晋将会出现中国历史上少见的一种局面：以外戚专政，取代外戚专政。

但是贾南风没有这么做，至少没有立刻这么做，原因主要有两个：

其一，贾南风的父亲贾充去世多年，贾南风既没有亲兄弟[①]，也没有儿子，贾氏势力微弱，而且理由也不够正当；其二，在诛杀杨氏一党的过程中，数名宗室藩王进入都城，此时掌权风险太大。

贾南风的亲属中，只有族兄贾模、从舅郭彰及外甥贾谧[②]入朝参与朝政，其他重要职位，尤其是军事大权，主要集中在司马氏手中。

比如，身在许昌的司马亮作为司马氏长老奉诏入京，晋升为太宰；秦王司马柬晋升为大将军，楚王司马玮晋升为卫将军、领北军中候；下邳王司马晃任尚书令；司马繇获封东安王、任右卫将军、射声校尉；东平王司马楙任抚军大

① 贾充早年生有两个儿子，但均不幸夭折。

② 贾充小女儿贾午与韩寿所生之子韩谧，后过继给贾充去世的长子贾黎民，改名为贾谧。

将军；等等。此外，原来遭杨骏构陷而辞官的卫瓘，重新入朝，与司马亮共同辅政。

中国历史上不乏宗室藩王强盛的朝代，西晋便是典型之一。究其原因，我们还得从司马炎称帝的经过说起。

公元 249 年，司马懿发动政变，独揽朝政。此后，又经过司马师和司马昭的经营，曹魏政权早已名存实亡。可以说，等到司马炎继任晋王世子时，司马氏取代曹氏已成定局。

魏元帝曹奂在位后期，骠骑将军石苞、车骑将军陈骞等人多次上书，称曹魏气数已尽，天下需要新的帝王，暗示曹奂让位于司马炎。这些上书之人，都是司马家族的亲信。曹奂作为一个傀儡皇帝，他还有什么选择呢？如果不将皇位拱手让人，能否活命都是未知的。

公元 266 年，曹奂向司马炎递交玺绶和策命，司马炎推辞一番，最终在群臣的请求下接受禅让。仅仅两天之后，司马炎便举行柴燎告天的仪式，正式即位。至于曹奂，则退居于金墉城中。

司马氏在曹魏时期为何能成功夺权，其原因过于复杂，本书不再讨论。但是在晋武帝司马炎眼里，有一个原因至关重要。

曹丕篡汉称帝后，为巩固皇权，采取了一系列削弱宗室的措施。与此同时，在九品中正制等制度的影响下，门阀士族的势力日渐崛起，司马氏便利用士族的影响力，逐渐权倾朝野。在这两条平行线上，曹氏的权力一步步让渡至司马氏手中，最终结果就是：曹奂受到逼迫时，皇室早已被孤立，身边几乎没有人可以保护他。

司马炎清楚自己是如何当上皇帝的，自然不愿重蹈曹魏覆辙。此外，西晋建国后，士族群体在朝中举足轻重，司马炎也有所顾忌。于是，司马炎即位后，大肆分封藩王，壮大宗室力量。

综合《晋书》等史书统计，晋武帝在位第一年，就分封了二十七位藩王，并提升他们所受的待遇和权力。

本书《为什么说晋武帝晚节不保》一节中提到，晋武帝曾经为了休养生息、简政节约，大幅裁减州郡士兵。后世对这一措施争议较大，正是因为它在一定程度上纵容了藩王的膨胀，使之失去制衡之力。

此后，晋武帝在漫长的二十五年统治生涯中，又数次分封藩王，咸宁三年（公元 277 年）和太康十年（公元 289 年）尤甚。

除了分封诸王，朝廷内外的文武要职，也少不了司马氏；至于军事重地，更是几乎由宗室势力垄断。一时之间，司马氏遍布天下，一片“万马奔腾”的气派景象。

在晋武帝的构想中，这些藩王在和平时期可以治理地方、牵制士族，战乱之际又能够保卫皇室，可谓一举多得。

理论上，如果君王拥有绝对权威，这或许是一套行之有效的方法。可晋武帝驾崩之后，有智力障碍的司马衷继位，即便没有杨骏专权、贾后政变，这些藩王还能够按照晋武帝的初衷行事吗？

如今，诸王借着讨伐杨骏之举，纷纷涌向西晋的权力中枢，他们会同心协力辅助晋惠帝，还是各怀鬼胎图谋不轨呢？答案显而易见。如果说，晋惠帝的异母弟弟司马玮进京讨伐杨骏，尚且算是维护皇权之举，那么其关系更远的叔祖父司马亮入京辅政，则将权力的潘多拉魔盒彻底打开了。此时，贾南风望着只有一步之遥的皇帝宝座，心里五味杂陈。她势单力薄，不得不审时度势，决定暂时坐山观虎斗。风头最盛的那头老虎自然是司马亮。司马亮掌管大权后，面临着和杨骏相同的尴尬处境：威望不足。在剿灭杨氏势力这件事上，司马亮不仅没有功劳，还拒绝过贾后的请求，难免会受到非议。

为此，司马亮又采取和杨骏相似的办法：大肆封赏。

据《晋书》记载，此次封侯加爵者，竟达一千零八十一人，其中不少人甚至没有什么功绩。此外，司马亮和杨骏封赏的对象，均以武官为主。本就波谲云诡的局势中，硝烟味儿越发浓烈。

如果说大肆封赏只是引出些许议论，那么司马亮接下来所做之事，招来的就是腥风血雨，以至于他自己也卷入其中。

司马家族的成员，并不是所有人都对司马亮唯命是从。比如东安王司马繇，他独断专行，不知不觉已经成为司马亮的眼中钉。

不过，未等司马亮亲自出手，司马繇就被亲兄弟捅了一刀。司马繇有个哥哥名叫司马澹，司马澹因妒忌弟弟名声胜过自己，便屡次向司马亮进谗言。于是司马亮借题发挥，罢免了司马繇，并将他流放外地。

收拾完司马繇，司马亮还不满足，又盯上伐杨主力——楚王司马玮。司马玮性格果敢，但他施行严刑峻法、打压异己。司马亮和卫瓘均对此不满，便谋划夺取司马玮的兵权，推荐裴楷接任北军中候。这一招令司马玮很生气。裴楷一看，压根儿不敢就职。司马亮又生一计，企图将司马玮赶回藩国。这下，司马玮彻底发怒了。

司马玮有两个亲信，公孙宏和岐盛，同样不受司马亮和卫瓘待见。岐盛得知卫瓘将要抓捕他，于是与公孙宏谋划对策。两人思前想后，决定谎称奉司马玮之命，禀告皇后贾南风，司马亮和卫瓘打算废黜晋惠帝。

贾南风一听，这还了得！想当年，晋武帝选立太子妃之时，卫瓘之女就是她的竞争对手。贾南风是记仇之人，固然不会偏向卫瓘。至于司马亮，政变时他拒绝了贾南风的求援，政变后却被推选为辅政大臣，贾南风会做何感想？

永平元年（公元 291 年）六月，贾南风让晋惠帝写下一份诏书：司马亮和卫瓘意欲谋反，楚王司马玮应当派淮南王司马允、长沙王司马乂、成都王司马颖，分别驻守各个宫门，讨伐两个逆贼。司马玮接到诏书后，准备入宫面圣，核实诏书，宣召的使者却说：“你要入宫，恐怕就会泄密，这可不是密诏的本意。”司马玮不再犹豫，派兵抓捕了司马亮和卫瓘，并将他们杀害。

杨骏专权维持了近一年，司马亮和卫瓘却风光不过百日。贾南风借司马玮之手除掉司马亮和卫瓘，究竟是受到岐盛、公孙宏蛊惑，还是顺水推舟蓄意为之，抑或两者兼有？对此，《晋书》上的记载似有矛盾，但无论如何，局面已经朝着失控的方向一去不返。

天快亮时，岐盛劝说司马玮，趁势诛杀贾后一党的贾模、郭彰，以匡正皇室。司马玮犹豫不决。几乎同时，太子少傅张华建议贾后，以擅自谋杀的罪名杀了司马玮，独揽大权。贾南风早想过除掉司马玮，便采纳了张华的计谋。

依张华之计，殿中将军王宫打出驺虞幡[①]，告诉各军队：楚王司马玮伪造诏书，大家不要相信他。将士们一见到驺虞幡，纷纷丢盔弃甲作鸟兽散。

很快，司马玮身边空无一人，只剩下一名奴仆驾着牛车带他去找秦王司马柬。随后，宫中派人召司马玮回营地，将其抓捕，交由廷尉问罪。

最终，晋惠帝下诏书，称司马玮假借皇帝旨意，擅自杀害司马亮、卫瓘等人，图谋不轨，将他斩首，公孙宏、岐盛被诛三族。

诛杀杨骏、司马亮和司马玮，贾南风这套连环招，可谓一气呵成。晋初分封的二十七位藩王，如今仅剩下八人。此外，晋惠帝的其他皇弟，或去世，或被贬，或外放，或年幼。总之，朝堂之上，司马氏日渐式微，一副“万马齐喑”之态。至于朝堂之外，军事重地仍然由藩王坐镇。

固然，这种局面的形成离不开贾南风的手段，但更深层次的原因，仍在晋武帝身上。他放纵藩王肆意壮大，却无相应的制衡之策；他知道司马衷的问题所在，却执意传其皇位；他意识到贾南风的危险，却不能坚持自己的想法，任由她妄为。

至此，贾南风的野心拼图得以完成。而在中国历史上，贾后政变通常被认为是“八王之乱”[②]的前奏。自“司马八达”名震天下以来，强大的宗室曾支撑着西晋完成统一、走向盛世，如今，宗室又演变成一股可怕的破坏力，谁也无法阻挡。西晋王朝的这场暴风雨，此刻才正式开始。

---

① 驺虞幡，是一种用来传旨解除兵甲的旗帜，因上面绘有驺虞图形而得名。驺虞是古代传说中的一种神兽。

② 实际上，参与八王之乱的藩王并不止八位，“八王”只是八位核心人物。其中最早的两位，汝南王司马亮和楚王司马玮，已经身首异处。

## 金墉城不相信眼泪

扫清障碍后，贾南风终于放心坐上那把权力的交椅。她做事心狠手辣，可在用人之术上，比起前面几位辅政大臣，却要高明得多。

首先，辅政大臣之位该由谁来担任？

杨骏、司马亮、卫瓘被杀，裴秀、贾充、荀勖等重臣也已驾鹤西归，老臣之中，唯有张华最为合适。张华虽然与贾南风有些旧怨，但他当过太子少傅，又出身寒门，且不乏威望与才能。最重要的是，在贾南风除掉司马玮的过程中，张华功不可没。

其次，朝中要职应如何分配？

一方面，贾南风任用亲信，将她的族兄贾模升为散骑常侍、侍中；出身河东裴氏的裴楷与裴頠，均被委以重任，而裴氏与贾氏又有联姻，裴頠还是贾南风表弟；外甥贾谧，更是平步青云。此外，与贾氏关系不错的王戎，出任尚书左仆射，兼领吏部，而王戎亦出身望族琅琊王氏。这些人虽然与贾南风沾亲带故，但并非不学无术之人，其中不乏名门后代，不至于招来非议。

另一方面，贾南风必须妥善安置司马氏的余族。

司马玮死后不久，皇弟群体集体没落，但整个司马家族的势力仍不容小觑。贾南风为了稳住他们，赐予司马泰、司马晃、司马肜、司马伦等人高官显爵，并妥善安排司马氏的其他近支、远支宗亲。

石鉴、王浑两位资深老臣虽然年事已高，但仍然身居高位。还有些未依附贾氏的大臣，他们口碑很好，比如傅咸、刘暾、张辅等人，或不畏强权，或敢于直言，或才能突出，均受到不同程度的任用。值得一提的是，吴国被西晋灭亡后，东吴的有识之士常常不受待见，却在贾后政变后的元康年间纷纷入朝拜官。

这一整套均衡且较为开明的用人体系，在刚刚结束动乱的政局中，效果非常显著。除了少量边境动乱之外，天下整体安定平稳，朝堂之上、藩国重镇，以及天下百姓，都暂时得以喘息。

至于贾南风本人，则继续疯癫，比起往昔有过之而无不及。

《晋书》中记载，贾南风权倾朝野之后，开始纵欲淫乱。当年给晋武帝献华丽裘衣被当庭烧毁的太医程据，与贾南风私通，这事闹得人尽皆知。她还常常召一些男子进入她的寝宫，吊诡的是，其中很多人都没有活着走出来。

当然，如果贾南风的胡作非为仅限于私人生活，那么她与宗室、朝臣之间，大抵会相安无事，西晋也仍然有机会躲过浩劫。可是没有人知道，贾南风的下限究竟在哪里。

在贾南风眼里，司马遹的出生就是个错误。为了彻底毁掉他，她秘密派遣宦官蛊惑司马遹："殿下实在应该趁着大好年华为所欲为，为何始终这样自我约束呢？"偏偏司马遹也不争气，日渐疏远皇帝为他安排的良师益友，荒废学业不说，甚至在宫中开办集市，贩卖肉、酒、蔬菜、鸡、面等食材。

渐渐地，司马遹早年积攒的声望损耗殆尽。更糟糕的是，他还得罪了小人。贾谧去东宫拜访，司马遹自顾自地在后院玩耍，当场让贾谧下不来台。诸如此类的小事还有不少，激起贾谧无限的怨恨。贾谧为了报复，向贾南风进谗言，说曾听到太子扬言“皇后万岁后，吾当鱼肉之”。贾南风越发容忍不得，到处散播太子的坏话。

其实贾南风对太子之恨，源于更深层次的担忧：她一直无法生育儿子。贾南风的母亲郭槐直到去世前，都在劝说贾南风善待司马遹、视他为己出。

贾南风没有听母亲的话，可她又没儿子，怎么办呢？贾南风想出一个荒诞的办法。她在腹部塞东西，假装怀孕，然后在后宫偷偷养育妹妹的儿子，计划让他取代司马遹。

不过，贾南风还没等这个计划实现，就干了一件更加疯狂的事情。

元康九年（公元 299 年）十二月，司马遹的长子病倒。司马遹希望晋惠帝为他儿子封王加爵，但没有如愿。贾南风见机，心生一计。

二十八日夜，司马遹收到一封短函，说是晋惠帝想要见他。第二天清晨，司马遹进宫，先拜见晋惠帝，又前往贾后那儿。贾后不在，侍女取来三升酒和一大盘枣，说是晋惠帝的命令，叫司马遹喝完这些酒，吃完这些枣。司马遹不肯，侍女便说他不孝，司马遹只好照办。等到司马遹酒醉之际，贾后命人带着纸、笔和一份文稿找到司马遹，称奉晋惠帝旨意，让司马遹将文稿誊抄一遍。

文稿通篇是谋反、威胁之意，司马遹早已不清醒，只抄写了不到一半。贾南风便将剩下的内容补上，呈交给晋惠帝。

十二月三十日，也就是除夕那天，大殿之上，晋惠帝让董猛将太子手抄的文稿给群臣和宗王过目。贾南风的意图，在场所有人都心知肚明，却只有张华和裴頠为司马遹申辩。黄昏时分，晋惠帝准许贾南风的奏请，将司马遹贬为庶人，幽禁在金墉城中。

有些官员为司马遹鸣不平，试图废黜贾后。他们找到司马伦的宠臣孙秀，由他游说，将手握兵权的司马伦拉入伙。可临近起事之日，孙秀又担心司马遹翻身后对自己不利，于是劝说司马伦变卦，制定了一套更加歹毒的连环计。

第一计，故意泄露起事风声，诱使贾南风加速杀死司马遹。

正月未出，贾南风让一名小官自首，承认他与司马遹一同谋反。借此，贾南风将司马遹押送至许昌，并派人监视。可只要司马遹不死，贾南风就夜不能寐。偏偏此时，传言朝中有人欲废黜皇后、复立太子，贾南风便决心杀死司马遹。她让太医程据制作好毒药，派宦官带去许昌。

司马遹遭废黜以后，处处小心翼翼，餐食都亲自下厨，宦官一直没有机会下手。

直到永康元年（公元300年）三月，宦官彻底失去耐心，趁司马遹如厕时用药杵将他活活打死。这一年司马遹二十三岁。

维持近九年的太平之世，至此宣告结束。九年前的贾后政变，通常被认为是八王之乱的开端；而此时，八王之乱这场大戏的“精彩”部分，正式上演。

除掉司马遹后，司马伦着手实施第二计：卸磨杀驴，对贾南风下手。

同年四月初三深夜，司马伦向军队宣读伪造的诏令：皇后和贾谧等人杀死了我们的太子，现在派车骑将军司马伦废黜皇后，你们听从命令的话，可以获封关中的侯爵，如果不听从命令，就诛你们三族。

于是，三部司马[①]的士兵便悉数听从司马伦调遣。司马伦在御道南布阵，命齐王司马冏[②]带兵进宫。

在内应的配合下，司马冏将晋惠帝接到东堂，召贾谧前来。贾谧惊恐无比，一边逃窜一边呼救，被当场斩杀。

随后，司马冏找到贾南风，贾南风惊讶地问他：“你来做什么？”

“我奉诏来抓你。”司马冏说。

“诏敕都出自我手，哪来的诏？”贾南风说。她走上阁楼，呼唤晋惠帝，晋惠帝没有回应，于是她又问司马冏：“是谁要抓我？”

“梁王（司马肜）和赵王（司马伦）。”司马冏说。

“拴狗应该拴在脖子上，现在反而拴到尾巴上，难怪会这样。”贾南风愤愤

---

① 三部司马，西晋军事官职，由前驱、由基、强弩三部司马组成，分别负责掌管戟盾、弓矢和硬弩部队。

② 司马冏，齐王司马攸次子，司马攸死后承袭爵位。

地说。随后她束手就擒，到了宫殿西边，见到贾谧的尸体，停下来号啕大哭。

贾南风被捕后，先是被囚禁在建始殿，并被贬为庶人，第二天又被移送至金墉城。没过几天，司马伦派人送来毒酒，赐死贾南风。之后，张华和裴頠被诛三族。

命运到死都在嘲弄贾南风。早在太子妃时期，她就险些被关进金墉城，这么多年她煞费苦心，终于只手遮天、权倾朝野，却仍然葬身于此。

《晋书》对贾南风的描述和评价，以批判、否定为主，可那难得的九年太平时光，多少有她一份功劳，这也是事实。

毋庸置疑，贾南风是悲剧的制造者。于私，她为达目的不择手段，视人命如草芥；于公，她挑起朝野纷争，以致天下大乱。

然而，贾南风的一生，又何尝不是一场悲剧？她是政治联姻的牺牲品，命运本就不掌握在自己手里；她也是政治斗争的牺牲品，权力满足过她的欲望，又最终将她推向深渊。

有意也好，偶然也罢，贾南风终究推开了一扇乱世之门，即便是她的死亡也无法将它关上。

# 贾南风死了，天下就会太平吗

司马伦计谋得逞后，辅政大臣的位子自然就轮到他了。

和杨骏、司马亮一样，司马伦也大肆封赏，封侯者达数千人之众，其中不乏他的族人和亲信，尤其是他的心腹孙秀，更加不可一世。和那二人不一样的是，司马伦怀有篡位之心。

晋惠帝的弟弟、淮南王司马允，察觉到司马伦的野心后，计划举兵讨伐他。然而司马允围攻司马伦之时，眼看胜利在望，却不幸中计被杀。

司马允一死，司马伦便不再遮掩。永康二年（公元 301 年）正月初九，司马伦称帝，晋惠帝司马衷被送进金墉城。

司马伦掌权后，继续封赏朋党，甚至普通士兵和跑腿的奴仆也能获封爵位。当时，级别较高的官员常用貂尾装饰帽子，一时之间，洛阳的貂尾骤然短缺，很多官员便用狗尾替代，“狗尾续貂”的典故便由此而来。而自晋武帝驾崩后，杨骏、司马亮、贾南风、司马玮、司马伦之辈，你方唱罢我登场，又何尝不是“狗尾续貂”呢?

司马伦及其朋党缺乏才能与谋略，又偏偏追求名利、行事任性，多为奸佞邪恶之人，忙于清除异己、互相攻讦，“劣币驱逐良币”的戏码时刻上演，朝野上下一片乌烟瘴气。

这般景象，即便百姓不造反，手握兵权的宗室藩王也不会坐视不管。尽管司马伦、孙秀有所防备，但仍然抵挡不住大势所趋。

率先起事的是镇守许昌的齐王司马冏，在他的号召与谋划之下，成都王司马颖、河间王司马颙相继加入讨伐司马伦的大军。此外，长沙王司马乂、新野王司马歆也分别举兵响应。起义之军势如破竹，接连大败司马伦的军队。同时，都城之中也暗藏杀机。司马伦与孙秀胆战心惊，日夜祈祷，尤其是孙秀，一步也不敢离开中书省。

四月初七，距离司马伦篡位才过去三个月时间，孙秀等司马伦党羽，就被宫中起事的军队所杀。

至于司马伦的下场，则有些现世报的戏剧性：司马伦不得不写下退位诏书，晋惠帝司马衷从金墉城中走出来，重新坐上皇位，下令押司马伦入金墉城，后将他赐死。

此役之后，西晋的混乱局势越发升级，每一次都由新的死亡掀起更大的血雨腥风。

一、司马伦死后，成都王司马颖主动放弃胜利果实，要回去镇守邺城，让齐王司马冏辅政。司马冏骄奢、独断，任用亲党，招致朝野上下不满，很快引发内乱。公元 302 年，河间王司马颙上奏讨伐司马冏，司马颖、司马乂等随之响应。最终，司马冏被斩于阊阖门外，其朋党被夷三族，两千余人被处死。

二、司马冏死后，司马颙与司马颖各自归藩，司马乂留在都城掌管大权。公元 303 年，司马颙的心腹李含策划干掉司马乂，被司马乂先下手为强捕杀，于是司马颙举兵攻向洛阳。司马颖趁火打劫，加入司马颙阵营。此战相持不下，洛阳难以攻破。第二年年初，身在洛阳城内的东海王司马越，联合殿中将领等人，深夜逮捕了司马乂。司马乂被关进金墉城，不久后被活活烧死，终年二十八岁。

三、司马乂死后，司马颖上台，他是晋惠帝同父异母的弟弟，担任宰相、都督中外诸军事，并被立为皇太弟，在邺城遥控西晋政治。司马颙捞到的好处只是担任太宰、大都督和雍州牧。他当然不可能满足，而其他司马家的藩王也在虎视眈眈。公元 304 年，司马越怂恿晋惠帝御驾亲征，讨伐大权独揽的司马颖。东安王司马繇劝司马颖请罪，司马颖不听，命部下石超率兵抵御，不到一个月，就在荡阴把司马越打得丢下晋惠帝，逃往其藩国。司马颖将晋惠帝接到邺城，并杀害了司马繇。至于洛阳，则落入司马颙的口袋。

四、荡阴之战后，司马越的弟弟司马腾，联合屯兵蓟县的将领王浚及其笼络的鲜卑军队，一起讨伐司马颖。不久，邺城陷落，城中百姓被大肆屠戮，成千上万名妇女被鲜卑士兵残害，光是被丢入易水淹死的就多达八千人。而司马颖却全身而退，携晋惠帝仓皇出逃，被司马颙部下张方迎入都城洛阳。

五、司马颖与晋惠帝回到洛阳后，风光一去不返。张方虽是司马颙部下，但对司马家毫无尊敬可言，当初烧死司马乂的人就是他。他把洛阳城当成自己的地盘，一方面把持朝政，将司马颖排挤在外；另一方面，放纵士兵掠夺百姓，把洛阳城毁得惨不忍睹。于是，张方决定放弃洛阳，强行带着晋惠帝前往长安，司马颖等人随行。

到了长安，又是一场天翻地覆的动乱。司马颖的皇太弟身份被废黜，豫章王司马炽成为新的皇太弟，得到司马颙拥护。此时，司马颙试图结束战乱，与东海王司马越和解。于是，朝廷颁布诏敕，封东海王为太傅。可是司马越不愿就此罢手。

六、永兴二年（公元 305 年）七月，司马越宣称，誓将晋惠帝从长安迎回洛阳。八月，司马越举兵出发。这一战更为焦灼、漫长，直到光熙元年（公元 306 年）五月，司马越的部队终于攻破长安。在此之前，河间王司马颙见势不对，逃往被丛林覆盖的太白山，司马颖则逃往荆州。可百姓无处可逃，长安陷落后，司马越部下的鲜卑士兵屠杀民众两万余人。

七、同年六月，晋惠帝重返国都洛阳，开始论功行赏，司马越成为太傅、录尚书事，并拥有辅政之权；驻扎在蓟县的王浚，进为骠骑大将军等职。王浚虽然不姓司马、不是藩王，但已然崛起，成为一方诸侯。

到此时为止，颠沛近两年的晋惠帝终于重回王座，西晋的一切看似回到正轨，但实际上，司马家已经四分五裂，藩王们杀红了眼，前方留给他们的道路似乎只有一条，那就是不死不休。

八、此前逃亡的司马颖被抓回邺城，遭矫诏赐死，终年二十八岁。

司马越离开后，司马颙的部下夺回长安，司马颙也从太白山上下来。不久，司马越以司徒之位诱惑他，将他骗往洛阳。路上，司马颙遭到伏击，死于车中。

九、最情理之外、意料之中的死亡，则是晋惠帝本人。

公元 307 年的一天晚上，晋惠帝正在吃饼，忽然疼痛难忍，第二天就毒发身亡，终年四十八岁。不久，皇太弟司马炽继位，史称晋怀帝。

这场旷日持久的八王之乱，终于结束。它差不多与晋惠帝的在位生涯重合，所有纷乱几乎都非他主动挑起，他却处处遭受别人的利用、背叛和伤害。

至于晋惠帝中毒，究竟是司马越所为，还是另有隐情，依据目前的史料，我们难以定论。可以肯定的是，晋惠帝本无治世之能，在晋武帝、杨皇后等人的操办下，他走上一条身不由己的不归路，这般结局也算意料之中。

关于晋惠帝的一生，我们不做评价。身为皇帝，《晋书》对他言行的记录却不多，但有一件事，或许可以让我们对他多一分了解。

荡阴之战中，司马颖的部下石超奇袭司马越，晋惠帝也被卷入战场，脸颊受伤，身中三箭。士兵和百官吓得四散奔逃，混战之中，只有侍中嵇绍未披战甲就登上辇车，用身体挡护晋惠帝。石超的士兵包围辇车，抓住嵇绍。晋惠帝说：“他是忠臣，不要杀他。”士兵却说：“我们奉皇太弟之命，不能伤害的只是陛下一人而已。”于是，士兵手起刀落，将嵇绍杀害。晋惠帝眼睁睁看着嵇绍的鲜血溅到自己衣服上，却无能为力。第二天，晋惠帝进入邺城，侍从准备清洗晋惠帝的衣服，晋惠帝说：“这是嵇侍中的血，不要洗。”

八王之乱虽然始于晋惠帝即位后，但祸根早在晋武帝统治时期就已埋下。晋武帝大肆分封藩王、去州郡兵、执意传位于司马衷、册立贾南风为太子妃又未将她废黜，晚年又掀起骄奢、淫靡的风潮，这一系列操作混合成一堆炸药，加上不断有新的催化剂融入，比如藩王之间的矛盾、外族力量的干扰等，最终围绕着晋惠帝彻底爆炸。

然而，八王之乱的结束，并不等于西晋迎来太平。尽管这场战争非常复杂，但终究还是内乱，帝王更迭也不至于亡国。可如果此时外敌趁危而入，后果又将如何?

# 第三章　一波未平，一波又起

## 他们是少数民族，但不是少数群体

公元 307 年，司马炽即位，即晋怀帝。不久，晋怀帝改年号为“永嘉”，东海王司马越辅政。司马颖、司马颙的部下，以及少数藩王、异姓大臣，虽然在局部地区引起动乱，但难成气候，晋怀帝真正要面对的危险，来自少数民族。

永嘉七年（公元 313 年），晋怀帝被匈奴俘获，不久遭毒杀，终年三十岁。

短短数年间，少数民族的势力席卷西晋大地，并最终动摇王朝根基。原本势单力孤的少数民族部落，为什么能在西晋眼皮底下纷纷建立政权？难道历代君主、大臣，从未想过防患于未然吗？最终，他们又是如何将西晋送上绝路的呢？

这些问题，也正是本章将要讲述的内容。

不过，若想理清这段历史的始末，还得从少数民族内迁说起。

边境少数民族部落何时开始迁入中原地区，我们难以得知准确时间，但从史书来看，至少在东汉初期，匈奴人就已陆续进入中原。鲜卑、羯、氐、羌等民族，内迁时间不一而论，但他们大规模涌入中原地区，大抵始于东汉末年。

这些少数民族部落进入中原后，起初生活在边境附近，而后慢慢深入内地。

譬如南匈奴，东汉时期主要集中在沿边的云中、朔方、五原等郡，这些地方大多位于今天的内蒙古等地。西晋初期，塞泥、黑难等匈奴分支部落归顺，晋武帝将他们安置在宜阳城。此后，匈奴族人与汉人不断融合，活动范围扩大到中原各地。鲜卑、羯、氐、羌等少数民族亦是如此，西晋时期，中原地区多民族杂居的情形，早已司空见惯。

《晋书》中有这样一个数据：魏晋交替之际，全国少数民族人口高达八百七十余万。这是什么概念呢？太康元年（公元280年），西晋总人口约为一千六百多万，也就是说，当时少数民族人口占全国总人口的一半有余，其中匈奴、鲜卑、羯、氐、羌又占据绝大多数。

当然，该数据是否准确还有待考证，毕竟有些臣属西晋的少数民族部落并未真正内迁，但这丝毫不影响少数民族在西晋的重要性。可以这么说，西晋时期的少数民族，已然不再是少数群体。

自东汉末年至西晋年间，少数民族内迁规模前所未有，其原因复杂、多样，不过大致可以分为主动原因与被动原因两类。

关于少数民族内迁的主动原因，主要有三个。

其一，匈奴、鲜卑、羯、氐、羌等少数民族，过着游牧或者农耕生活，他们过于依赖自然环境，而他们生存的自然环境又较为恶劣，常常发生自然灾害，相比之下，中原地区土壤肥沃，气候也更适宜居住。

其二，由于资源有限，少数民族部落众多，彼此之间的冲突在所难免，本就苦难的生活因此雪上加霜，寻找更加稳定、和平的生存之所，便成了人心所向。

其三，两汉以来，中原之地经济发展迅速，而经济的发展又推动政治、文化、习俗等方面走向更加文明的阶段。对于边塞少数民族而言，这些无疑具有强大的诱惑力。

如果说这些主动因素是人性本能的驱使，那么他们内迁的被动原因则是身不由己。

东汉末年天下大乱，军阀混战不休，百姓流离失所，中原人口急剧减少，劳动力和士兵严重短缺。为此，各方势力纷纷出招，或封官加爵，或给予土地，或政策优待，设法吸引少数民族群体迁入。譬如，曹魏政权就曾设置护西戎校尉一职，负责管理氐、羌等民族事务。

然而，这些措施针对的是那些愿意归顺的少数民族部落，至于不愿归顺的，就是完全相反的待遇：掳掠与贩卖。

《三国志》《资治通鉴》等史书中均提道：东汉末年，南匈奴出现反叛活动，曹操举兵镇压，而后将他们分散于并州的左、右、南、北、中五部进行管理。此外，曹操还多次征讨过乌桓部落，先后将数十万乌桓民众迁往内地，从事农业生产、军事战争等活动。

至于达官贵族贩卖少数民族人口的现象，更是屡见不鲜。比如，晋惠帝在位期间，并州发生饥荒，酿成动乱，并州刺史司马腾大规模掳掠羯族等少数民族人口，将他们卖往山东等地充作奴隶。司马腾高高在上，根本没有注意到被他贩卖的羯族人中，有一个人名叫石勒。这件在当时并不起眼的小事，日后却在中国历史上掀起一阵大浪，此为后话。

整体而言，少数民族内迁涉及政治、军事、经济、地理等多方面因素，益处与弊端也分明可见。

一方面，在那段动荡的历史时期，这些内迁的少数民族，为中原地区的发展做出了不少贡献；各民族之间的融合加强，推动了文化、生活方式等方面的进步。

另一发面，由于统治者在观念与制度上的落后，一些少数民族群体受到歧视和不公正待遇，这些行径在损害他们的利益的同时，也擦出动乱的星火。

这动乱的星火，在燎原之前是如此微弱，以至于差点儿被掐灭。

“夷夏之辨”由来已久，早在春秋时期，主流观点就倾向于认可华夏文明的正统地位，“尊王攘夷”的口号更是响彻诸侯列国。到了曹魏、西晋，由于少数民族人口剧增，“夷夏之辨”再次被推到风口浪尖上。曹芳在位期间，邓艾就曾主张，将杂居于汉族中的少数民族隔离出去，并对他们进行礼义廉耻的教化。

晋武帝即位后，这种观点得到更多的支持和细化，可实际效果又如何呢？

泰始四年（公元 268 年），大臣傅玄进言晋武帝：北方的鲜卑是一个野蛮民族，如果他们强大起来，必定会成为祸患，应当再设置一个郡，将他们迁入其中，加上原来两个郡，一并归秦州管辖，同时让胡烈去处理这些事务。

胡烈担任秦州刺史后，对少数民族采取一系列高压措施，征收重税，强制徭役，增加军事防备力量，监视鲜卑族人活动，等等，这些举措不仅未能有效管理鲜卑族，反而激化了民族矛盾。

泰始六年（公元 270 年），鲜卑族人秃发树机能率军反抗暴政，“秦凉之变”爆发。尽管西晋王朝最终取得胜利，但也付出了惨痛的代价。

渐渐地，一些大臣对待少数民族的态度更加偏激。比如大臣郭钦就建议，将西北少数民族迁出各郡，再趁着平吴打出来的士气，调集军队前往西北，将那些少数民族部落逼到塞外。

晋武帝没有采纳郭钦的建议，既是为了维护社会稳定，同时也是出于自信，要以“四夷臣服”之姿傲居伟业。

总的来说，晋武帝对少数民族的态度，偏向于温和、怀柔，除了反对激进政策，他还鼓励汉族与少数民族进行政治联姻，给少数民族首领册封官爵。比如南匈奴贵族刘渊，在曹魏时期作为侍子[①]来到洛阳，西晋代魏后，晋武帝将他留在都城，并赐予他优渥待遇。

晋武帝的初衷固然美好，然而地方上的执行却是另一回事，少数民族遭遇的压迫与剥削事件仍然层出不穷。与此同时，少数民族的反抗活动也此起彼伏。等到晋武帝驾崩，软弱的晋惠帝就更加束手无策，以致暴乱兴起。

元康六年（公元 296 年），氐人首领齐万年率氐、羌等各族民众，在雍州、秦州起义，很快建立起一支十万人的军队，齐万年本人也拥兵称帝。对此，西

① 古代附属国的君主或者诸侯之子，被派往宗主国陪侍天子，学习宗主国的文化知识、风俗礼仪等，他们被称为侍子。

晋朝廷任命梁王司马肜为征西大将军，联合夏侯骏、周处共同出兵镇压。周处，即电影《周处除三害》的主人公原型，在交战中阵亡。

元康九年（公元299年），齐万年兵败身死。不久后，西晋大臣江统作《徙戎论》，向朝廷详细论述民族矛盾可能引发的问题，并给出了一些解决方案。

在这篇对后世影响深远的《徙戎论》中，江统主要表达了五个观点：

一、关中地区自古为华夏帝王之所，少数民族居于周边，礼法、货币、语言、习俗等都不相通，难以共同生存，且管理难度很大。

二、这些少数民族部落贪婪、凶悍，必有异心，不能被真正教化，你若强大他便依附，你若式微他便反叛，应当早做准备以防生变。

三、如今，这些与汉人混居的少数民族部落，长期受到歧视和压迫，怨声载道，民族之间的矛盾已然恶化，冲突一触即发。

四、中原地区的少数民族规模越来越大，如果任其繁衍下去，他们的力量也会越来越强，很快就会失去控制。

五、多民族杂居还有一个弊端：地理界线模糊，以致无要塞可守，少数民族一旦作乱，西晋将面临极为被动的局面。

江统认为，少数民族之所以尚未大规模反抗，是因为力量还不够强大，将危险扼杀于萌芽阶段才是上策，于是顺势提出解决方案：徙戎。具体来说，就是将这些少数民族迁回他们的故地，当然，在迁徙途中，应当保障粮食供应，避免矛盾进一步激化。

从民族融合的历史进程来看，江统的言论并不符合趋势，只不过在当时的特殊处境中，从统治阶层视角来说，这些观点和建议也有一定的合理性。然而，晋惠帝司马衷与皇后贾南风，并未采纳江统的建议。

果然，没过几年，江统的担忧便成为现实，而现实之残酷，远远超出西晋统治者的想象。

## 是反抗压迫，还是趁火打劫

公元 304 年，八王之乱进入白热化阶段，尤其在荡阴之战前后，晋惠帝司马衷被裹挟着辗转于洛阳、邺城、长安之间，诸王乱作一团，谁也顾不上西南大地上发生的一件事。

这件事的缘起得追溯到八年以前，也就是公元 296 年，氐族人齐万年带领少数民族起义，如此一来，叛乱的大火便逐渐失控，西北的齐万年倒下后，西南的李特站了出来。

李特是氐族人①，魁梧勇武，擅长骑马射箭，自幼熟读儒家经典著作，又好打抱不平。由于战乱与饥荒叠加，天水、略阳等六郡数万户百姓流离失所，不得不迁往汉中、巴蜀地区，其中就包括李特、李流兄弟二人。在迁徙途中，他们深受流民推崇。

而这次迁徙的经过，也暴露出西晋在处理民族关系上的漏洞。

① 关于李特属于哪个民族，史学界存在争议，有说他是氐族人，亦有说他是賨族人，本文采用较为主流的说法。

浩浩荡荡的流民队伍到了汉中[①]，上奏朝廷请求准许他们继续往前，进入巴蜀地区。朝廷没有同意，派遣侍御史李苾前去慰问、监督，禁止他们进入剑阁。哪知李苾收受贿赂，报告朝廷说，流民数量太大，有十万人之众，汉中肯定没法救济他们，去荆州又很麻烦，但是巴蜀地区人民富足、粮食有余，可以让他们去那儿发展。

朝廷听从李苾的建议，将这些流民分散安置到益州和梁州，李特兄弟也因此来到益州。当时，原益州刺史赵廞被调职后不满，企图割据一方，于是暗中召集人马，其中不乏羌、氐等族流民，李特便成为他的幕僚。赵廞带着这群人四处打家劫舍。新任益州刺史耿滕认为，这些流民必将引发祸乱，于是上表朝廷，建议让他们迁回故土。

这件事直接导致赵廞谋反，率兵击杀耿滕。之后，周边大量羌、氐等族人加入赵廞阵营，比如李特的三弟李庠等人。不久，赵廞因不满李庠的带兵风格，将他和同族三十余人悉数杀害。

李特对赵廞怀恨在心，暗中积蓄力量，接连大败赵廞的军队。

耿滕死后，朝廷又派来罗尚担任益州刺史，率大军而来。李特听闻后，便投靠罗尚。李特、李流因平叛有功，均得到朝廷封赏。

然而好景不长，朝廷很快又下达命令，让秦州、雍州的官府召回迁入蜀地的流民。罗尚催促流民早日出发，李特多次为流民求情，希望可以秋收之后再离开，但罗尚限他们七月必须上路。

一边是以罗尚为代表的既得利益集团，一边是以李特为代表的底层民众群体，双方矛盾愈演愈烈，战争一触即发。走投无路之下，李特率流民起义。

公元 302 年，李特自封大将军、益州牧、都督梁益二州诸军事，更改年号，大赦全境。朝廷震怒，于第二年加派三万水军援助罗尚。罗尚率军袭击李特兵营，大战持续两天，最终李特因寡不敌众，被削去首级。李特的弟弟李流、儿

① 西晋时期，汉中地区与巴蜀地区相邻，而巴蜀地区与益州、梁州关系较为复杂，巴蜀地区大多属于益州管辖，而巴郡等地又划归在梁州名下。

子李雄，相继接任李特之位，并于几个月后击败罗尚，掌控益州。

就在荡阴之战后不久，公元 304 年，李雄在益州自称成都王，设年号为“建兴”，废除西晋制度，另立新法。两年后，李雄称帝，国号大成。成汉政权是中国历史上第一个由少数民族建立的政权，“十六国”的历史大戏正式拉开帷幕。

以往的少数民族叛乱，大多因长期受到不公正待遇和剥削而引发，李特起义的情形虽大抵相似，但有一处不同：这些流民中，除了少数民族，还有不少汉族。由此可见，这一时期的局势已混乱不堪，百姓无论种族，已然对其失望透顶。

无独有偶，同样是在公元 304 年，另一个将决定西晋命运的政权，也陡然出现在中原地区。

刘豹[①]之子刘渊，曹魏时期进入洛阳成为侍子，此后一直留在都城。刘渊聪慧、好学，博览诸子百家著作，又习武艺、射箭，体力惊人。刘豹去世后，刘渊继任南匈奴左部帅，随即脱离侍子身份，回到并州治理辖地。杨骏辅政期间，刘渊被封为汉光乡侯、建威将军、五部大都督，在五部匈奴中威望卓著。

八王之乱兴起之际，刘渊被贬官，又偶然成为成都王司马颖的部下。刘渊表面上忠于司马颖，但因南匈奴长期饱受压迫，他早已在暗中与五部匈奴贵族建立联系，积蓄力量等待起事时机。

公元 304 年，王浚联合鲜卑军队攻打邺城，司马颖战败，携晋惠帝仓皇逃往洛阳。屯兵于左国城[②]的刘渊，原本打算支援司马颖，但经部下劝说，他决定以复兴汉室之名率军起义。于是，刘渊在左国城建立前赵政权[③]，立国号为“汉”，自称汉王，与西晋分庭抗礼。

面对如此公然的对抗，晋惠帝却已自身难保，藩王们又忙于内战，司马腾

① 刘豹，南匈奴左贤王，后成为左部南匈奴首领。

② 左国城，西晋时期隶属于并州，位于今山西省境内。

③ 前赵政权，史学界也称其为汉赵政权。

虽几次派兵征讨，却都铩羽而归，接连丢城弃地，刘渊的势力日渐壮大。

李特和刘渊的起义之举并非偶然，他们身上汇聚了西晋境内少数民族的意志，因此，当他们取得一定程度上的成功后，民间反抗情绪也越发高涨，起义之火尽显燎原态势，张昌之乱便是其中的典型。

出身蛮族的张昌，原本在平氏县担任县吏，但他早已不满新野王司马歆的严酷政策。公元 303 年，张昌率军起义。彼时，益州李特声势浩大，朝廷令荆州征兵讨伐李特，当地土著居民、流民为逃避征兵，纷纷加入张昌的军队。

接下来发生的事情，恰好可以证明一个结论：八王之乱为少数民族的暴动提供了温床。

张昌叛乱后，司马歆上表朝堂，请求出兵镇压。

我们在《贾南风死了，天下就会太平吗》一节中讲到，公元 303 年，长沙王司马乂掌管都城大权，与归藩的河间王司马颙产生矛盾，成都王司马颖也加入司马颙阵营。司马乂怀疑，司马歆与司马颖暗中合谋，另有企图，于是没有批准司马歆的请求。

司马歆错失良机，等到他决定出击时，又因准备不足，被张昌所杀。张昌的军队控制荆州北部之后，势如破竹，一路席卷至江州、徐州、扬州和豫州。

司马歆死后，晋武帝的同窗好友、六十多岁的老臣刘弘出任荆州刺史，乱局才得以扭转。刘弘领军奋战，最终斩杀张昌。

张昌起义虽然以失败告终，但丝毫没有影响少数民族高涨的反抗情绪。公元 306 年，八王之乱进入高潮时，李雄称帝，定国号为“大成”，后又改为“汉”。同年，刘渊积极练兵，巩固割据政权，为率兵南下攻占平阳、河东两郡做着准备。

这一年，注定是西晋的一道大坎。任何一个看似不起眼的小人物，都可能被卷入浪潮，激起千层浪花。比如我们在前文提到的羯族人石勒。石勒被司马腾的手下卖到山东，沦为奴隶，却凭借相马的才能结识了起义军首领汲桑。此后，石勒一直替他在暗中招兵买马。他们按兵不动，耐心等待着师出之名。

不久，机会来了，司马颖兵败，其部下公师藩打出营救司马颖的旗号，起兵谋乱。于是，汲桑与石勒带领着几百骑兵去投奔他。

怎料公师藩战败被杀，汲桑与石勒逃走保命，随后又集结起一支部队，以“为司马颖复仇”的名义起兵，向司马越、司马腾发起进攻。司马腾为人一毛不拔，苛待部下。眼看到了存亡之际，为了提振士气，这才宣布赐给每位将士几升米、几尺布帛，可是谁还愿意替他卖命呢？司马腾兵败如山倒，在逃命途中被汲桑的部下杀死。汲桑等人攻入邺城。进城后，他们无恶不作，抢夺财宝、大肆屠城。焚烧邺宫的大火连烧十天都不曾熄灭。上万民众死于非命，被掳掠的妇女、财物不计其数。

汲桑与石勒的疯狂并非个例。我们在讲述八王之乱时提过，王浚攻陷邺城后，军中鲜卑族士兵大肆烧杀掳掠，溺亡妇女八千人；司马越进入长安后，麾下鲜卑族士兵更是屠杀民众两万余人；匈奴人刘景，本是刘渊旗下的灭晋大将军，在延津打了胜仗后，将三万多人沉入黄河。过去饱受汉人官僚、贵族压迫的少数民族，如今翻身反抗，本应是顺势之举，可这些疯狂的报复行为又着实令人发指。

这次胜利后不久，汲桑就战死了。石勒带着一众兵马投奔刘渊，被刘渊封为辅汉将军、平晋王。

短短几年内，刘渊势力日涨、威望渐高，李雄在蜀地的治理也颇有成效。外族频繁起义，朝廷已然无计可施，内臣又来作乱，西晋真是雪上加霜。

还是在公元306年，东莱惤县（今山东省龙口市）县令刘伯根起兵反晋，出身当地豪门的王弥加入其中。刘伯根的军队击退了司马略，但败于王浚。刘伯根死后，王弥逃入深山，继续集结民众，伺机而动。

也是在这一时期，在长江下游一带，曾击败张昌义军的陈敏，自封都督江东诸军事、大司马、楚公，驱逐扬州刺史，企图割据江东而自治。

举目四望，西晋河山已百孔千疮，十余年前的太康盛景恍若隔世。战争、天灾、乱政，你方唱罢我登场，令中原百姓苦不堪言，曾经承载美好愿景的家园，如今却成为滋生噩梦的土壤，而漫漫长夜又似乎永无尽头。

绝境之下，一部分百姓开始另寻出路：远离故土，去往更南边的地方。

公元306年，还有一件重要的事情：司马颙被杀，八王之乱终结。伴随着东海王司马越掌权、晋惠帝司马衷去世，以及晋怀帝司马炽即位，西晋王朝进入一个新时期。

可这新时期，未必就是好时期。晋怀帝要收拾的烂摊子，比他哥哥晋惠帝的也好不到哪里去。

# 迁都能改变国运吗

晋怀帝司马炽即位之初，首先要解决的一个难题，就是他与司马越的关系。

司马炽早年并无宏大的政治野心，他为人低调、谦逊好学，一直声望不浅，只因身处乱世，最终被推向权力中心。既然坐上皇位，他就无法像晋惠帝那般任人摆布。

经过八王之乱，皇族宗室实力大损，司马越可谓一家独大。晋怀帝于是倚重异姓大臣，异姓士族在朝中的分量与日俱增，比如颍川荀氏的荀藩、荀组，琅琊王氏的王衍、王敦等，均担任要职。

这些大臣也多推崇晋怀帝。在这种朝堂局势下，司马越专权的行为就显得尤为刺眼，君王亲政与大臣辅政实在难以共存，最终，司马越选择出镇许昌。

司马越此举并非示弱，即便不在都城，他依然能够参与朝政、独断专行。其兄弟四人，更是手握西晋诸多重镇的兵权①，毫不夸张地说，洛阳城已然在他们的包围之下。

---

① 除了司马越四兄弟及司马睿等宗室坐守重镇之外，另有部分地区被异姓军阀盘踞，例如苟晞、王浚、刘琨、张轨，分别镇守兖州、幽州、并州、凉州。

晋怀帝与司马越的芥蒂日甚一日。

就在晋怀帝登基第三年，即公元309年，司马越派部下率领三千士兵入宫，杀害晋怀帝的舅舅及多名亲信，罢免、驱逐殿中武官，将宫中侍卫换成他的亲信。这件事直接导致他与晋怀帝、朝中百官的决裂，此后明争暗斗愈加激烈。而司马越面对的敌人可不止在朝堂之上。

永嘉四年（公元310年）十月，前赵大军围攻洛阳，司马越全国征兵，各地却无人响应。此时的司马越，既知自己被孤立，又预料洛阳早晚不保，便筹划着如何金蝉脱壳。

司马越企图带走都城禁军以及部分大臣，又担心引起晋怀帝怀疑，于是穿好盔甲，去晋怀帝面前表演了一番。他信誓旦旦，声称只是去征讨石勒，先集结兖州、豫州的兵力，再回来援救都城。

晋怀帝哀叹道："谋逆的少数民族逼近都城，皇室人心惶惶、意志薄弱，朝廷社稷都依赖于您，您怎么可以出镇远方呢？"

司马越说："现在臣率军征讨逆贼，必定会消灭他们，以扬我国威。如果臣只待在都城，就会错失良机，我们担心的问题就会更严重。"

为了彻底打消晋怀帝的疑虑，司马越竟然让世子司马毗、妻子裴氏及若干心腹都留守洛阳，自己带着大军前往许昌等地。

四万士兵被司马越带走，许多王公贵族也跟着他一路逃跑。一时之间，洛阳城内盗贼猖獗，城外又面临敌军威胁，晋怀帝既无助又愤怒。公元311年，晋怀帝密诏青州刺史苟晞，命其讨伐司马越。这正中苟晞下怀。

苟晞被百姓称为"屠伯"，因为他杀人如麻，治下血流成河。他与司马越本是结拜兄弟，怎料司马越以小人之心夺了他的兖州牧之位，将他调到青州担任刺史，这件事为两人反目埋下祸根。苟晞当然不会放过报复的机会，立即传檄各州，号召全天下共同讨伐司马越。不久晋怀帝又火上浇油，昭告各藩镇司马越的诸多罪状。

不过，这场讨伐之战并未打响，因为没过多久，司马越便因忧惧交加而患病去世。襄阳王司马范率军带着司马越的灵柩，前往司马越的封地，不料途中遭遇石勒等人追杀，战败身亡。

对于晋怀帝来说，心腹大患就这样被除掉了，可他更加不安。如果说司马越是一只豺狼，那么前赵就是一只更为可怕的野兽。

大约三年前，前赵领袖刘渊正式称帝，不仅加快扩张速度，大举入侵中原各地，还将都城迁至平阳（今山西临汾），距离晋惠帝的直线距离约为二百公里。诸多零散的势力，争相归附刘渊，比如曾追随刘伯根起义的王弥。

一时之间，刘渊如日中天，军队越战越勇。石勒作为刘渊的大将，接连攻下魏郡、赵郡、巨鹿、常山等地，直逼都城洛阳。

在这些战争中，石勒仍然如过往那般，残暴地对待汉民，比如白马县陷落后，石勒的军队活埋三千多人；到了武德，他们又活埋上万名投降士兵。

刘渊向来注重收揽民心，固然反对这般暴行，可他无法彻底禁止。公元310年，刘渊病逝，其子刘和继位。刘和企图谋杀他的兄弟刘聪等人，却遭刘聪反杀。随后，刘聪自立为帝。而彼时的石勒，已然是一名手握重兵的大人物。

在此前进攻洛阳的战役中，石勒、刘聪与司马越、王浚等人交战数次，均未能成功。刘渊直到去世也没有灭亡西晋，客观来说，司马越的功劳无法被忽视。如今，司马越已死，洛阳城上的西晋旗帜还能飘扬多久呢?

刘聪即位三个月后，令刘曜、王弥率军奔赴洛阳，与石勒汇合。大军一路攻城略地，杀死西晋士兵、百姓数万人，洛阳陷入危机。晋怀帝试图逃跑，却被忽然钻出的强盗吓退，灰头土脸地回到皇宫。

永嘉五年（公元311年）六月，洛阳被攻破，晋怀帝试图逃往长安，未出城门就被俘获。第二天，洛阳城中，包括皇太子司马诠在内的三万余人被杀，西晋皇陵被盗掘一空，宫室、宗庙、官署悉数没入火海。

这一系列对于西晋充满屈辱与悲哀的事件，后世称之为“永嘉之乱”。

攻下洛阳后，前赵大军将目标转向长安。经过几番激战，长安陷落，司马越的弟弟，即南阳王司马模投降被杀。不过，留守长安的前赵军队最终未能敌过西晋援军，于永嘉五年（公元 312 年）弃离长安，同时掳走无辜百姓八万余人。

这一年，晋怀帝的侄子司马邺，得到他舅舅荀藩、荀组及豫州刺史阎鼎的帮助，被册立为皇太子，并在众臣拥护下进入长安城。

西晋大臣们各怀鬼胎，想着另立新君之事，而晋怀帝本人，则在前赵都城平阳过着屈辱的俘虏生活。在他被俘的第三年，也就是永嘉三年（公元 313 年）正月初一，刘聪举办宴会，强行让司马炽穿上奴婢的衣服，为宾客斟酒。在场的西晋旧臣见状，掩面哭泣不止，引起刘聪厌恶。不出一个月，司马炽就遭毒杀，终年三十岁。

四月，晋怀帝去世的消息传至长安。同月，司马邺继位，即晋愍帝，改年号为“建兴”，都城亦由原来的洛阳迁至长安。

都说君临天下，可晋愍帝面前的天下，又与他有多少关系呢？

彼时，晋愍帝不过十三岁。且不说刘聪的前赵、李雄的成汉两大割据政权瓜分大片河山，就连名义上属于西晋朝廷的各地军阀力量，他又能调动多少？事实上，此时西晋朝廷的真实权威，仅能覆盖长安及周边区域，官员零落、军事薄弱、百业凋敝，何谈江山社稷？

晋愍帝急需拉拢宗室诸王和异姓重臣。五月，镇守建邺[①]的琅琊王司马睿，获封左丞相、大都督陕东诸军事，南阳王司马保获封右丞相、大都督陕西诸军事，麹允、张轨、王浚、刘琨也被分别委以重任。这些人都是手握一方兵权的人物，如此安排之下，至少在形式上，都城长安也算有模有样。

然而，新皇帝、新年号、新都城，未必就能带来新气象。

刘聪的野心远不止割据一方，从他此前数次攻打洛阳便能看出，他想要的，是这天下。如今，晋怀帝死于他手，晋愍帝又立，刘聪岂能容忍？

---

① 司马邺继位后，为避其名讳，建邺改名为建康。据《晋书》记载，改名发生在建兴元年八月，因此在八月之前仍然称之为建邺，下文提及时，称建邺或建康，亦遵循此时间规则。

刘聪派刘曜等部将率军直奔长安，前赵军接连取胜，甚至攻入长安外城。晋愍帝趁着夜色，逃到射雁楼躲起来，最后终于等到麴允的军队来救驾。几场交锋，麴允将刘曜打得抬不起头来，刘曜只好退回平阳。待到第二次侵犯长安，刘曜同样铩羽而归。

这一战之后，长安得以残喘两年。

这两年里，皇族宗室、士族达官陆续弃长安而往江南。城中百姓甚至不足百户，到处是残垣断壁、荆棘杂草，仓中粮食只剩几十堆。最艰难的时期，官员们不得不依靠采摘野谷维生。麴允原本打算将晋愍帝护送至司马保的地盘，其他大臣担心司马保会利用晋愍帝满足私欲，于是未能成行。

建兴四年（公元316年）八月，刘曜再次率大军而来，长安外城陷落。长安内城中，军士誓死固守，可是他们既无援军，又缺粮食，该是何等绝望？

坚守到十月，严冬来临，饥荒成了压垮晋愍帝的最后一击。麴允始终护在晋愍帝身边，有一天，他在太仓里找到几块酿酒用的曲饼，捣烂做成稀粥，送给晋愍帝喝。这是最后的食物。晋愍帝哭了，他不忍继续目睹百姓和士兵牺牲，决定放弃抵抗。

十一月十一日，晋愍帝脱下上衣，口含玉璧，乘坐羊车，携带棺材，出城投降。晋愍帝一行人被押送至平阳后，麴允自杀身亡。

晋愍帝在平阳遭受的凌辱，比起晋怀帝有过之而无不及。刘聪除了让他在宴会上斟酒，还让他洗酒杯、提马桶盖、为其打猎开路，诸如此类的事不少。投降约一年以后，即公元318年，晋愍帝遇害，终年十八岁。从登基到亡国，再到殒命异乡，司马邺始终都是一个少年。

如果说晋怀帝被俘后，西晋王朝已经名存实亡，那么这一刻，西晋之名也彻底告别历史舞台。西晋持续五十二年，历经四位君主，除了开国皇帝晋武帝之外，无一得以善终。

导致这场悲剧的原因错综复杂，但万般因果都离不开一个魔咒：公权私化之下，斗争彻底失控。晋武帝大肆分封藩王也好，杨骏外戚专政也罢，抑或贾南风揽权、八王内斗无休、民族矛盾激化，概莫能外。

西晋走向灭亡，中原地区落入少数民族之手后，会变成什么样子？与之对应的江南之地，是否也会受到威胁？残余的司马氏，比如坐镇建康的司马睿，此刻又身在何处？

# 第四章 王与马，共天下

## 为什么士大夫要去江南

晋愍帝的一生，是悲剧的一生，而他投降之前的一个举动，无疑又为这场悲剧添上壮烈的一笔。

公元 317 年春天，镇守在建康的司马睿，见到从长安逃亡至此的平东将军宋哲。宋哲带来一份诏书，是晋愍帝投降之前留下的：

“恰逢时运困境，朝廷混乱无力，我德行微薄，虽然继承大业，却未能求得上天赐予长久的国运，使国家中兴，以至于凶恶的游牧民族胆敢率领兵马，逼近京城。现在，我被困于这座偏远、闭塞的孤城里，心中万般忧虑，只怕城池随时会沦陷。你（宋哲）带着我的诏书去找丞相（司马睿），务必详细传达我的想法，让他处理国家事务，寻找机会占领旧都（洛阳），修复皇家陵墓和宗庙，以洗雪这奇耻大辱。”

晋愍帝虽是少年，但其心可颂。他始终想着收复旧都洛阳，将希望寄托在司马睿身上，却没有考虑到对身在江南的司马睿来说，他真正想要的是什么。

江南一带，原本大多属于东吴管辖，东吴被西晋灭亡之后，这里的士族、百姓对待西晋政权的态度一直比较微妙，司马睿是如何在此稳固根基的呢？他果真会兴兵北上吗?

司马睿是司马懿的曾孙，十五岁时父亲去世，他便继承了琅琊王的爵位。居于洛阳之时，司马睿未受重用。他为人低调，好友也只有同龄的王导。王导出身琅琊王氏，正好来自司马睿的封国。八王之乱期间，王导劝说司马睿回到封国，观察局势，等待时机施展抱负。

司马睿虽有心而无力，一直没有机会回到封国。八王之乱后期，司马睿跟随司马越，出征讨伐成都王司马颖。荡阴战败，司马睿与晋惠帝等人进入邺城。不久，司马睿的叔父司马繇为司马颖所杀，司马睿担心受到牵连，于是连夜逃出邺城。几经周折，司马睿回到封国，此后又数次站队司马越，获封新的官位。

彼时，司马睿已年近三十，比起那些在八王之乱中大显身手的司马氏，他的经历实在显得有些平淡。

光熙元年（公元 307 年）十一月，晋惠帝中毒身亡。王导预感，天下将会大乱，于是一边劝说司马睿出镇建邺，一边积极谋划此事。

直到第二年，司马睿终于被任命为安东将军、都督扬州诸军事，前往建邺，王导与之同行。到这时，司马睿已将王导视为肱股之臣，军国大事无不与之共同商议。

西晋时期，江南地区虽早已得到开发，但相较于长期是经济中心的北方而言，一直不温不火。西晋灭吴之后，江南地区与朝廷仍然存在不少矛盾，王导为何一直劝说司马睿去那里呢?

究其原因，主要有两点：

一、江南远离纷乱的中原，又有长江天险阻隔，战火难以蔓延至此，从军事上而言，那里更加安全。

二、经过八王之乱、少数民族起义、地方叛乱等一系列战事，以及天灾作乱，北方民生凋敝，大量人口和资源出现南移端倪，江南的发展潜力极为可观。

话虽如此，可司马睿若想扎根江南，实非易事。

东吴虽灭亡多年，但是这里的百姓并不依附西晋朝廷，此前江南士族拥护陈敏等人叛乱，企图割据而治便是证明。北方迁来之人常受到歧视，被称为“伧[①]”。司马睿初来乍到，又无多少名望，想要在此立足，难度可想而已。

司马睿南渡之后，苦等一个多月，也没有士族、庶族前来拜访他。

这些地方豪强之所以无惧司马睿以及西晋朝廷，除了他们实力强盛之外，还有一个重要原因：司马氏自相残杀，对西晋局势逐渐失去控制，又无法平定少数民族的叛乱，显然不足以震慑南方士族。

这是司马睿和王导意料之中的事情。司马睿并未灰心，在王导的辅佐下，他礼遇、款待名人贤士，慰问百姓，体察民情，试图改变士族态度。不过，对局势起到关键性作用的事件之一，还是王敦的到来。

王敦是王导的堂兄，同时是晋武帝司马炎的女婿，出身名门又不乏威望。当年贾南风设计废黜太子司马遹，王敦是为数不多的敢公然和贾南风叫板的人，因此获得世人广泛称赞。公元 309 年，王敦出任扬州刺史，大大提升了司马睿的气势。

江南大族的态度渐渐有所改观，顾荣、贺循等望族名士也拜于司马睿麾下，初期分别任职军司马和吴国内史。可是本土势力错综复杂，想要彻底收服人心，司马睿还有很长的路要走。

好在，司马睿不缺耐心，更重要的是他懂得礼贤下士、选贤任能。顾荣曾一口气推荐七个人，他欣然采纳，将他们全部收为己用。

除了招揽各地名士之外，他还采取包容、开明、勤俭等方针，开启一方治理之路。整个过程中，王导的作用至关重要，他在笼络人心、协调南北士族的利益方面，承担着无可替代的作用。

公元 311 年，永嘉之乱，洛阳沦陷、君王被俘，中原地区一片焦土，与之形成鲜明对比的是，司马睿在江南的治理初见成效。于是，更多北方的百姓与士族，携带先进的生产工具、技术和资源，跨江南渡而来。

---

① 伧，通常用来形容人的粗俗、鄙陋或不文雅，也可以用来指从事贱业的人，在一些方言中也有“傻”或“憨”之意。

毋庸置疑，人口的流动为江南带来蓬勃生机，但对于司马睿来说，还有一些更大的好处。

首先，来自北方的百姓，对于西晋有强烈的归属感，尤其在遭受少数民族侵扰之后，如今身在异乡，再次受到司马氏族庇护，民心越发聚拢。

其次，来自北方的士族中，不乏西晋旧臣，或者西晋时期的名门贵族，虽然远离故土，但他们的学识、财富、经验等，却依旧难得、可贵，这些人来到江南，更无理由不支持司马睿。

为此，司马睿于长江南北设置大量侨州、侨郡、侨县，安置这些人员；专门为流民设立临时户籍，享受长期减免赋税徭役的待遇；对于流民首领，则委以要职，为己所用。

这场历时多年的大迁徙活动，主要集中于永嘉年间，史称“永嘉南渡”；由于南迁人群中，包括大量的士大夫，士人服饰可以用“衣冠”代指，因此也称之为“衣冠南渡”。在中国历史上，这是北方人口第一次大规模南迁。

如此，司马睿在江南士气大振，不少原本轻视他的江南大族，开始加入其阵营。然而，随着北方士族南渡的规模壮大，江南之地上的南北士族矛盾也逐渐显露出来。

周玘，江南士族的代表人物之一，东吴名将周鲂之孙、平西将军周处之子。周玘极为活跃，当年石冰、陈敏、钱璯相继谋反，他曾集结武装力量，配合西晋王敦、司马睿等人，三次平定叛乱，史称“三定江南”。周玘因立有大功，被封为建威将军、吴兴太守等官职。

司马睿的亲信刁协对周玘多有轻视，引起周玘对自身地位的担忧。于是，周玘及其朋党暗中联络江东多方势力，试图发动政变。

不料消息走漏，传入司马睿耳中。考虑到周氏的宗族实力，司马睿决定秘而不宣，通过频繁调动周玘的职位来化解危机。

周玘知道事情败露，忧愤而终。去世之前，他给儿子周勰撂下狠话：“杀我的是那些南渡来的人，你能替我复仇，才算我的儿子。”周勰继承其父遗志，集结数千人马，准备讨伐刁协、王导。眼看战火将起，周勰的叔父竟然将他举报，以致军队不敢出发，随后溃散收场。

由此可见，经过数年的沉淀与发展，司马睿在江南的实力以及政治头脑都渐趋成熟。除了能令当地豪强忌惮，其势力范围的扩张变化也尤为明显。

最初，司马睿的势力主要集中于扬州、建邺一带。公元 311 年，司马睿派王敦等人率军攻下江州。此外，司马睿又将豫州刺史驱逐而出，将长江中游地区化为囊中之物。公元 315 年，司马睿平定杜弢之乱，收复湘州，势力范围进一步扩大。

转眼就到了建兴四年（公元 316 年），晋愍帝被困于长安，四处求援而几乎无人响应。司马睿坐拥大军，却并无出征的念头。十一月，晋愍帝屈辱投降。消息传到南方，司马睿才做出一副北上营救晋愍帝的姿态。

然而，直到晋愍帝被害死，司马睿都没有真正发兵平阳。

晋愍帝投降后，以西阳王司马羕为首，司马睿身边的大臣、幕僚，各地刺史、太守等，纷纷上表，请求司马睿继任大统，司马睿没有答应。司马羕等人再三恳求，甚至以死相逼。司马睿感慨万分，流着泪说："我是有罪的人，只有恪守节操、为国捐躯，洗雪这莫大的耻辱，或许才可以弥补我犯下的滔天大罪。我本来只是琅琊王，各位贤达却一再逼迫我。"

司马睿拒绝称帝的言辞，看似高风亮节，其实最根本的原因只有两个。

先说第一个原因，晋愍帝虽然被俘，但尚未驾崩，况且晋愍帝在诏书里写得很清楚，他让丞相司马睿处理国事，而非明确传位于他。若司马睿此时不派兵营救晋愍帝，反而趁机登基，则必将遭受天下非议。

至于第二个原因，更是令司马睿如芒在背，我们将在下一节详细讲述。总之，此时称帝时机尚未成熟。

司马睿深谙民动如烟的道理，也懂得做戏要做全套，于是唤来仆从准备车驾，打算返回封国，群臣这才作罢。不过，他们退而求其次，请求司马睿依照魏晋旧例，进为"晋王"。

这次，司马睿答应了。当上晋王后，司马睿改年号、大赦天下，但杀害祖父母、父母之人，以及刘聪、石勒等人不在赦免之列。另外，他还征召一百多位名士，授予掾属之职，由他们辅助主官处理政务。随着宗庙和社稷坛在建康出现，司马睿俨然已经成为王朝的象征。

史学界通常认为，司马睿称晋王，实际上已经标志着东晋政权的建立。

直到晋愍帝一死，司马睿再无顾虑，开始谋划登基事宜。

公元318年，司马睿即皇帝位，史称晋元帝。

在开头那份诏书中，晋愍帝曾希望司马睿能够收复中原，重修皇陵与宗庙，以雪大耻。如今，司马睿登顶权力巅峰，一边是日渐安稳、富庶的南方，一边是无比混乱、凋敝的北方，他又将会做出怎样的选择?

## 铁打的司马，流水的门阀

公元 317 年春天，司马睿接到晋愍帝诏书，群臣上表请求司马睿称帝，司马睿百般推脱。我们讲过其中一个原因：晋愍帝尚未去世，也没有直接传位于他，仓促登基必遭非议。

至于另一个原因，则是王敦的态度不清不楚：上表的群臣之中，没有王敦的名字。

王敦究竟是一个怎样的人，他的态度真有这么重要吗？

王氏在琅琊这一支始于西汉，百年来出过不少名臣贤士，算是望族，却并不十分突出。曹魏年间，王祥发迹，从徐州别驾一路升至司空，位列三公，还获封万岁亭侯。西晋建立后，晋武帝拜其为太保，封睢陵公。王祥还是“二十四孝”中“卧冰求鲤”的主角。在注重孝道的魏晋时期，王祥的声望显赫一时，家族之中名士和高官辈出，比如“竹林七贤”之一的王戎、官至太尉的王衍、光禄大夫王览等，不胜枚举。

司马氏与琅琊王氏的政治联姻也开始频繁起来，比如晋武帝就将女儿舞阳公主嫁给了王衍的族弟王敦。

八王之乱后期，王衍及其家族势力成为司马越最重要的助手。司马越与王衍的组合，又催生出司马睿与王导、王敦的组合。尽管司马越与王衍已于公元 311 年去世，但对司马睿而言，王导和王敦背后的影响力仍然不可小觑。

抛开家族背景不谈，王敦为官多年，手握重兵、关系复杂，且性格好强、心机较多，司马睿对他有所顾虑也在情理之中。

再说王导。司马睿与王导交情很深，两人之间几乎没有身份隔阂，从少年玩耍、一起成长，到共入江南、开疆辟土，司马睿将他与王导的情义比作“管鲍之交”。可王敦毕竟是王导的族兄，必要时候，王导会选择皇室还是家族？司马睿不能确定。

可王敦为何不支持司马睿称帝呢？

据《晋书》记载，王敦认为司马睿是个贤明的人，因此心生忌惮，于是与王导商量，希望另立他人为君。不料王导再三反对，王敦这才作罢，但仍未同群臣一道劝进。

王敦不表态，司马睿就难以更进一步。那么，这个僵局又是如何打破的？

公元 317 年，北方的刘琨对战石勒失败，却还有心思去拍南方司马睿的马屁。他设法联络各地武装力量的首领，共计一百八十人，联名上书请求司马睿称帝。这封劝进书，由刘琨的幕僚温峤带来建康。

六月，温峤在司马睿及群臣面前，进行了一场慷慨激昂的演讲，最终目的，便是拥立司马睿称帝。

演讲的内容鼓舞人心，而最让司马睿兴奋的是，他得到刘琨等众多军事将领的支持，便不再畏惧王敦的威胁。

公元 318 年，司马睿即位后一个多月，刘琨被杀。当时，刘琨的鲜卑族盟友段匹磾，受人离间而囚禁刘琨，但一直因犹豫而未将其杀害。王敦得知后，派去密使，指使、怂恿段匹磾将刘琨勒死。

王敦性情凶狠、睚眦必报，由此可见一斑。

对根基还不稳固的东晋来说，王敦与王导，既可以是助力，也可能是阻力，司马睿任重道远，关键在于他怎么用人。

对王导，司马睿让他主管内政，先是任骠骑大将军、仪同三司，后来又赐封武冈侯，进为侍中、司空、假节等一系列荣衔高位。王导声誉日隆，虽与司马睿同岁，却被朝野尊为“仲父”。司马睿登基之日，发生了一件敏感的事。司马睿当着文武百官的面，邀请王导共坐御床。在这微妙的时刻，王导没有被胜利冲昏头脑，他将司马睿比作太阳，自己只要恭敬地站在下面的位置沐浴光辉就好。

对王敦，司马睿则利用他好斗的性格来应付外战，将他从征南大将军晋拜为大将军，加侍中、江州牧，让他讨伐各地叛乱。

比起当年司马越与王衍之间的合作，司马睿与王导、王敦的关系更加密不可分，东晋王朝形成一种新的政治局面：司马氏与琅琊王氏并驾齐驱，虽有君臣之别，影响力却难分伯仲。世人称这一现象为“王与马，共天下”。

但琅琊王氏并不能高枕无忧，毕竟在东晋初期，除了他们，还有诸多南北方的门阀士族，或已根深叶茂，或正悄然崛起，譬如高平郗氏、颍川庾氏、谯国桓氏、太原王氏、兰陵萧氏、义兴周氏、陈留阮氏、范阳祖氏，还有陈郡谢氏和袁氏，吴郡陆氏、顾氏和朱氏，等等。

依赖门阀士族的东晋王朝，与西晋的处境恰恰相反。晋武帝正是因为担心士族过于强盛，恐会导致曹魏晚期皇权旁落的困境，从而大兴王室。结果呢？司马氏盛极一时，八王之乱导致生灵涂炭，最终成为亡国的重要因素之一，而新的王朝又步入旧的循环，这仿佛成为一个历史诅咒。

皇权式微之下，暗流涌动，首先跳出来的就是王敦。

虽然东晋已立，但晋元帝对王氏始终不放心，尤其是王敦数次私自任用官员，让晋元帝颇为不满。于是，晋元帝开始重用其他士族，否决王敦所荐之人，对王导也日渐生疏。

面对晋元帝的示威，王导并无激烈反应，只是委婉地表达不该放纵士族的立场。但王敦就不一样，不仅上书自夸开国之功，发泄不满，甚至扬言要采取行动，“谋反”二字就差写在脸上。

王敦之所以迟迟没有发难，是因为还有所顾忌。

除掉刘琨以后，王敦忌惮的人还有两个：周访和祖逖。此前在平定杜弢叛乱中，周访功不可没，受晋元帝重用，手握重兵。祖逖则常年北伐，虽然兵力不在南方，但同样不容小觑。周访素来与王敦有怨，势同水火；至于祖逖，王敦曾旁敲侧击过，遭祖逖怒斥。有此二人在，王敦只好按兵不动。

大兴三年（公元 320 年）八月，周访驾鹤西去；第二年，祖逖病逝。两大阻碍相继消除，王敦立刻着手谋反事宜。

永昌元年（公元 322 年）正月，王敦打出“清君侧”等旗号，在武昌起兵，奔建康而去。北伐夺回故都之事尚未谋划，新朝内乱就爆发了。

听到消息后，晋元帝怒不可遏，不仅将王敦定为“大逆”，还要带领六军御驾亲征。为了鼓舞士气，他下诏：“能杀掉王敦的人，赐封五千户侯。”

这时，朝中有人提议诛杀整个琅琊王氏的族人。眼看面临灭顶之灾，王导没有投奔王敦，反而采取截然不同的措施。每日天将破晓，他带着族中兄弟子侄二十多个人来到宫里请罪。他痛心疾首，跪拜谢罪：“逆臣贼子，哪个朝代没有呢？只是万万没想到，今日竟出在微臣家族中。”晋元帝有没有怪罪他呢？

在众人连续请罪多日之后，他们终于听到晋元帝的答案。人人都松了口气，因为晋元帝依然亲切地牵起王导的手，叫王导为“茂弘”。正是由于王导等人并未依附王敦，而且认罪态度诚恳，加上其他大臣替王导求情，晋元帝便没有追究。

抵抗王敦的战役打得十分艰难。晋元帝阵营的部将中，甘卓摇摆不定、年老多疑，率军到了猪口这个地方，竟然裹足不前，停留几十天，以致战机贻误，后期更是精神失常，最终被王敦派人暗杀；湘州刺史司马承英勇奋战，困守在长沙城中，以为坚守到甘卓大捷而困局自解，没想到最终兵败被俘，以身殉国；刘隗、戴渊、刁协等部，则兵败如山倒。

短短几个月时间，王敦竟然一路杀至石头城。他纵容士兵烧杀掳掠，恶名传到不远处的建康城，城中官员、侍从等吓得赶紧逃命。只有两个侍中留下来，陪在晋元帝身边。

最终，晋元帝为防事态彻底崩溃，决定向王敦服软：“您若心里还有本朝，就此停手，那么天下还能在我们的共同治理下得享太平。如果您不愿意这样，我就回去琅琊，来给贤者让路。”为了安抚王敦，晋元帝欲封他为丞相，晋爵武昌郡公，食邑万户。

占尽风头的王敦拒绝了晋元帝的封赏，随后，自封为丞相、都督中外诸军、万户侯。紧接着，王敦处决了周顗和戴渊，软禁晋元帝，迫使勤王的将领退兵。

实际上，对此时的王敦来说，他已经算是“胜者为王”了。但他还不满足，打算废黜皇太子司马绍。司马绍英勇、果敢，文武兼修，又尊崇贤士，因此在朝中威望很高。王敦叛乱时，司马绍决心披甲上阵，但被温峤制止。王敦忌惮司马绍，想以“不孝”的罪名废黜他。但在温峤等人的力争之下，王敦的阴谋并未得逞。

这一点小小的挫败，无法掩盖王敦在军事上的全面胜利：周顗、戴渊、甘卓、司马承被杀，刘隗投奔石勒，陶侃退至广州，刁协逃跑途中死于非命，晋元帝苦心经营的势力土崩瓦解。

由于其他门阀士族的抗衡，王敦并不打算留在国都，离开之前通过任用心腹、在建康设置留府等措施控制朝堂，进一步掌管大权。此前受到冷落的王导，也再次回到权力中枢。

部署完这一切，王敦带着军队回到武昌。随后，他再次自行封赏，将宁州、益州、荆州、梁州等军事重地，划归自己管辖。

谁都能看得出来，属于晋元帝的辉煌已经落幕。

公元 323 年年初，晋元帝司马睿病逝，终年四十七岁。临终之际，司马睿选择王导作为司马绍的顾命大臣。第二天，司马绍继位，即晋明帝。

晋明帝在位时间只有三年，但他平定王敦之乱，重用王导，并协调好各门阀士族之间的关系，为安定东晋的局势、促进社会发展，起到了重要作用。

在东晋王朝的一百余年间，士族与皇权之间始终纠缠不清。中国历史上，尽管门阀士族由来已久，此后又延绵不绝，但东晋时期的门阀政治仍然独树一帜。琅琊王氏的王敦、王导，颍川庾氏的庾亮、庾冰、庾翼，谯国桓氏的桓温、桓玄，陈郡谢氏的谢安、谢玄等，你方唱罢我登场，连番在东晋舞台上大展拳脚。刘禹锡《乌衣巷》中的名句，“旧时王谢堂前燕，飞入寻常百姓家”，其中“王谢”说的就是琅琊王氏和陈郡谢氏。

东晋门阀繁盛、强势，不只局限于政局中翻云覆雨，在文化艺术领域，他们也各领风骚。譬如，诗人谢灵运，出身于陈郡谢氏，谢玄之孙；大书法家王羲之，出身于琅琊王氏，王导之侄；书画大家顾恺之，出身于吴郡顾氏；不为五斗米折腰的陶渊明，虽不是大族出身，但其曾祖父陶侃也是东晋重臣。

所谓“魏晋风流”，早期代表人物非“竹林七贤”莫属，到了后期，便是以谢灵运、王羲之、顾恺之、陶渊明这些人物为典型。

至于北伐中原、收复旧都之事，在东晋十一位帝王、总计一百零三年的历史上，真正付诸实践者，屈指可数，且结果均以失败告终。尤其是晋元帝司马睿，对待北伐尤为消极，即便祖逖数次打败石勒，晋元帝也没有给予他实质性的支持，最多只是拨调一千人的粮食和三千匹布，没有铠甲，没有武器。

而祖逖之后，东晋最为著名的北伐将领，当属桓温与刘裕。

公元 354 年至 369 年间，桓温共北伐三次，其中第二次北伐甚至一度收复洛阳。桓温数次请求朝廷迁回故都，均被驳回。几年后，洛阳再度失守。此外，桓温还曾率军西征，并于公元 347 年消灭成汉政权。

公元 409 年和 416 年，刘裕两次北伐，分别消灭了南燕和后秦两国。然而，彼时东晋已步入晚期，国力衰退、时局混乱，刘裕的壮举也未能挽救濒危的王朝。

可对个人而言，刘裕北伐不算完全失败。刘裕未能延续东晋命运，但赫赫战功令他实力大涨、威望陡增。

公元 420 年，晋恭帝司马德文“禅让”，刘裕称帝，改国号为“宋”，史称

“南朝宋”或“刘宋”。至此，东晋灭亡，南北朝的大幕徐徐拉开。

历史有时就是如此讽刺，当年曹氏以“禅让”的方式取代东汉刘氏，最终又以“禅让”的方式被司马氏取代；司马氏以这种方式取代曹魏，最终又以同样的方式让位于刘裕。更讽刺的是，东汉开国皇帝刘秀乃刘邦之后，而刘裕的先祖，正是刘邦之弟。真是天道好轮回。

王朝的兴衰与更迭，不过是历史惯用的戏码，然而，它们带来的影响却难以逆转。“永嘉南渡”之后，在东晋士族与皇权共治之下，中国历史上北重南轻的格局，第一次真正受到冲击。尽管东晋王朝并未开创繁荣盛世，但南方的政治、经济、文化，由此翻开新篇章。

可是，那片深厚的北方土地，被司马氏和诸多士族抛弃之后，又经历了什么呢？

## 故园被抛弃后，遭遇了什么

公元 318 年年初，晋愍帝司马邺遭刘聪杀害。几个月后，刘聪病逝，其子刘粲继位。

刘聪一死，前赵政权的平衡被打破：先是顾命大臣靳准叛乱，杀害刘粲；接着，丞相刘曜举兵平叛，在进军都城平阳的途中称帝；不久，靳明杀害靳准，投靠刘曜，又被刘曜灭族；最后，石勒率兵攻下平阳，于公元 319 年建立政权，史称“后赵”。

相比之下，川蜀之地则要稳定不少，在李雄的扩张与治理之下，成汉政权的疆域由四川延伸到云南、贵州等地，经济、文化、民生等都取得一定发展。

同一时期的西北地区，张轨父子经营多年，虽尚未称帝，但前凉政权在实际上已经建立。一时之间，东晋、前赵、后赵、成汉、前凉五大政权并立，涉及汉族、匈奴族、羯族、巴氐族等民族。中华大地上百姓不仅为天灾人祸所苦，就连对家园故土的认同感与归属感，也变得模糊不清。

这些民族与政权之间常年征战或者内乱，百姓的生活暗无天日，南迁成为他们最好的选择，即便历经万难也在所不惜。不愿或者不能南迁的百姓，需要面对猖狂的盗贼、不断的战争、沉重的税赋、难料的天灾……

在时代的旋涡之中，他们如何才能生存呢？据《晋书》和《资治通鉴》等史书记载，十六国时期，北方百姓常常建坞堡以自保。

坞堡是一种以防御为主的建筑，规模较大，可以容纳一定数量的居民，内部包括居住区、农田、仓库等，功能齐全，可以满足绝大部分日常生活，有些坞堡甚至还挖有护城河。坞堡之内，百姓抱团取暖，共同对抗外界的凶险。如此看来，坞堡除了是一种建筑形式外，也可以理解成是一种民间组织。

东晋文学家陶渊明，在《桃花源记》里描写了一个远离世俗的乌托邦，亦是无数东晋百姓所向往的理想世界。现代历史学家陈寅恪，曾写过《〈桃花源记〉旁证》一文，认为陶渊明笔下的桃花源，原型便是北方坞堡。

这种生活何时才是尽头？

西晋灭亡前后，中国北方开始“十六国”时期。可实际上，这一时期的政权并不止十六个，“十六国”之名源于北魏史学家崔鸿所撰《十六国春秋》，列入其中的是影响力较大、持续时间较长的十六个政权。

**崔鸿所撰《十六国春秋》中的十六国政权**

| 政权 | 起始时间（公元纪年） | 存续时间 | 建立者 | 主要民族 |
| --- | --- | --- | --- | --- |
| 成汉 | 304年—347年 | 43年 | 李雄 | 巴氐族 |
| 前赵（汉赵） | 304年—329年 | 25年 | 刘渊 | 匈奴族 |
| 前凉[①] | 318年—376年 | 58年 | 张轨 | 汉族 |
| 后赵 | 319年—351年 | 32年 | 石勒 | 羯族 |
| 前燕 | 337年—370年 | 33年 | 慕容皝 | 鲜卑族 |
| 前秦 | 351年—394年 | 43年 | 苻健 | 氐族 |

① 关于前凉政权的建立时间和建立者，史学界说法不一。一种观点认为，公元314年，张轨已建立实际上的政权，应为前凉的第一位君主。另一种观点认为，公元314年，张轨去世后，其子张寔继续执行张轨的政策，并于公元318年正式建立前凉政权。甚至还有一种观点认为，前凉应从公元301年张轨担任凉州刺史开始算起。但无论哪种说法，张轨是前凉政权的实际建立者，这一点得到了普遍认同。

续表

| 政权 | 起始时间（公元纪年） | 存续时间 | 建立者 | 主要民族 |
|---|---|---|---|---|
| 后秦 | 384 年—417 年 | 33 年 | 姚苌 | 羌族 |
| 后燕 | 384 年—407 年 | 23 年 | 慕容垂 | 鲜卑族 |
| 西秦[①] | 385 年—400 年<br>409 年—431 年 | 37 年 | 乞伏国仁 | 鲜卑族 |
| 后凉 | 386 年—403 年 | 17 年 | 吕光 | 氐族 |
| 南凉 | 397 年—414 年 | 17 年 | 秃发乌孤 | 鲜卑族 |
| 西凉 | 400 年—421 年 | 21 年 | 李暠 | 汉族 |
| 北凉[②] | 397 年—439 年 | 42 年 | 段业 | 卢水胡 |
| 南燕 | 398 年—410 年 | 12 年 | 慕容德 | 鲜卑族 |
| 北燕 | 407 年—436 年 | 29 年 | 慕容云[③] | 鲜卑族 |
| 夏 | 407 年—431 年 | 24 年 | 赫连勃勃 | 匈奴铁弗部 |

从公元 304 年成汉政权建立算起，十六国时期共持续一百三十五年。东晋成立之初，与成汉、前赵、后赵、前凉五个政权同时存在，社会已足够混乱，但是比起往后，这还只是开始。据不完全统计，十六国时期，同时存在的政权最多高达十余个。

这些政权混乱到什么程度呢？

我们举一个例子。金庸在《天龙八部》中塑造了一个经典角色叫慕容复，他的毕生使命就是复兴“大燕”。慕容复并不存在于真实的历史中，但是慕容

① 公元 400 年，西秦被后秦所灭；公元 409 年，西秦复国，最终于公元 431 年灭亡。

② 北凉政权较为独特，建立于公元 397 年，第一位君主段业是汉族人，但实际建立者为卢水胡民族的沮渠蒙逊。公元 401 年，沮渠蒙逊发动政变，夺取政权，段业被杀。公元 439 年，北魏太武帝拓跋焘讨伐北凉，沮渠牧犍战败投降，北凉政权已实际灭亡。北凉的灭亡，也宣告十六国时期结束，北魏统一北方，与南方政权对峙，中国进入南北朝时期。然而北凉残部未被完全消灭，公元 441 年，沮渠牧犍的弟弟沮渠无讳重新建立政权，史称高昌北凉，于公元 460 年被柔然所灭。

③ 慕容云，本名为高云，高句丽人，被后燕惠愍帝慕容宝收为养子，赐姓慕容。因此，慕容云虽是高句丽血脉，但其政权所代表的民族实为鲜卑族。慕容云去世后，汉人冯跋成为北燕君主。

氏与“燕”国，在十六国时期的戏份还真不少。

1. 前燕。公元 337 年，鲜卑族首领慕容皝建立前燕政权，后屡次迁都。公元 370 年，前燕被前秦所灭。

2. 后燕。公元 384 年，慕容皝第五子慕容垂建立后燕政权。后燕内乱不断，宗室互相残杀、外戚专政、政治变动无止无休。

3. 西燕。同样是公元 384 年，前燕景昭帝之子慕容泓，建立西燕政权。不过，西燕政权因国祚较短，十年而亡，且影响力较小，而未被崔鸿列入《十六国春秋》当中。

4. 南燕。公元 397 年，后燕君主慕容宝被北魏击败，后燕分裂成南北两个部分。第二年，慕容皝的幼子慕容德建立南燕政权。公元 410 年，东晋将领刘裕消灭南燕政权。

5. 北燕。公元 407 年，慕容宝的养子慕容云等人彻底消灭后燕，建立北燕政权。公元 436 年，北燕被北魏所灭。

这五个“燕”国政权已足够错杂，但毕竟都围绕着鲜卑族的慕容氏而更迭，而十六国中的“凉”国政权亦有前凉、后凉、南凉、西凉、北凉五个，它们不仅时间跨度更大，且各政权的建立者姓氏不同，甚至所属民族也不尽相同。“五凉”之中，涉及的民族有汉、氐、鲜卑、卢水胡等，其间的恩怨纠缠错综复杂，不死不休。诸多政权林立，早晚会冒出一个异常强大的国家，十六国时期，这个国家就是前秦。

公元 351 年，氐族首领苻健建立前秦政权，定都长安，次年称帝。苻健在位四年，励精图治、选贤用能、减免赋税、提倡节俭等，令百姓得以喘息，势力范围进一步扩大。在此期间，桓温等人数次攻打，均被击败，前秦国威大振。苻健死后，苻生继位，因其淫乱嗜杀，被苻坚取代。苻坚即位后，开始政治改革，国力进一步增强，并任用王猛、邓羌等汉族大将，数年之内，先后消灭前燕、前仇池国、代国、前凉等政权，占领东晋的梁州、益州等地，甚至派兵征讨西域，降服西域各国。

公元376年，在苻坚的领导之下，前秦统一北方。

既然司马氏偏安一隅，百余年间只发动数次北伐，且未能成功，那么，志在统一的苻坚，又岂会无动于衷？

王猛去世前，嘱咐苻坚切勿图谋东晋，应当与其修好。朝中大臣大多也反对伐晋，但战功赫赫的苻坚岂能理会？他早已下定决心。

苻坚为何执意要攻打东晋呢？

陈寅恪在《魏晋南北朝史讲演录》中分析："在我国历史上，统一不能从血统着手而要看文化高低。文化低的服从文化高的，次等文化服从高等文化。而文化最高的是汉人中的士族。要统一汉人和各种不同的胡人，就要推崇汉化，要汉化就要推崇汉人，而推崇汉人莫过于推崇士族。当时中原衣冠多随东晋渡江，汉人正统似在南方。如果不攻取东晋南朝，就不能自居于汉人正统的地位，也就不能降服鲜卑等族，且汉人也有离心的倾向。只有攻取东晋，推行汉化，方可统一胡汉。苻坚所以坚持南伐，原因在此。"

公元383年，苻坚举国征兵，最终共发动六十余万步兵、二十七万骑兵，号称"百万"大军。苻坚任命其弟苻融为征东大将军，统领二十五万骑兵先行，再亲率大军随后出征。

东晋早有准备，征讨大都督谢安命谢玄为先锋，统筹各方兵力，又调谢石、谢琰等将领共同抗击前秦大军，总计约八万兵力。

尽管双方兵力悬殊，但战斗中并未拉开太大差距，一时难以分出胜负。不久，两军相隔淝水，形成对峙之势。在谢玄的计谋之下，晋军最终取得大胜。交战之中，苻坚中箭受伤，苻融则直接被杀。前秦大军慌中生乱，于溃退之中自相践踏，加上逃跑途中饥寒交迫，士兵伤亡惨重，竟达十之七八，淝水甚至被大量尸体堵塞，流通不畅。

这就是历史上著名的"淝水之战"

谢玄等乘胜追击，一路势如破竹，收复北方大片领土。淝水一战后，谢安和谢玄在东晋的权势进入巅峰期。

苻坚收拾残部，到达洛阳时，只剩下十余万军队。经此一役，前秦国力大损，此前被征服的少数民族政权，趁机又纷纷独立，北方再次陷入分裂状态。比如，公元 386 年，早年被前秦灭亡的代国王族拓跋珪，建立北魏政权。

在诸多政权之中，北魏可谓一骑绝尘。经过数年的对外扩张、对内改革，北魏至第三代君主太武帝拓跋焘时，统一时机已经成熟。公元 439 年，拓跋焘亲征，消灭北凉政权，十六国时期宣告结束，自西晋末年以来的北方分裂格局，再次回归一体。

彼时，东晋早已灭亡，与北魏政权相对峙的，已是南方的刘宋政权。至于南北朝之间的纷争，则是另一个故事了。

不过，有一个现象比较有趣。

南北朝初期，南朝宋的势力一度大涨，这无疑得益于“永嘉南渡”后大量士族与百姓的力量，而北方刚刚结束分裂，尚需时间恢复元气，南方与北方几乎难分伯仲。

但是，如果我们只关注“永嘉南渡”对南方的积极影响，就容易忽略另一个事实：尽管大量士族与百姓南迁，但数百年甚至更久的积累，并不会在这一时期彻底逆转，况且还有很多少数民族迁入中原地区。整体来说，东晋建国之后，北方人口仍然超过南方人口。

因此，北方在进入统一、安定的局面后，生产迅速得以恢复。而北方又有着更加辽阔和肥沃的土壤，加上北魏一系列汉化改革，天时、地利、人和俱齐，北方的经济、军事、政治等实力再度崛起。

南方则恰好相反。东晋时期国情特殊，门阀士族为稳定政权起到积极作用，但到了后期以及南朝，门阀士族则从旁掣肘，限制了政治与经济的发展，成为南方难以强盛的一大因素。

在此后漫长的对峙与斗争中，北方的优势越来越明显。最终，公元 589 年，在杨坚统治下的北方隋朝，消灭南陈，继西晋之后，中国历史再次进入大一统时期。

# 第二部分 玄宗幸蜀：盛唐的挽歌

## 第五章　帝国的下坡路

# 明主变昏君，唐玄宗究竟做了什么

开元二十九年（公元741年）正月，沉浸于“开元盛世”之中的唐玄宗，做了一个颇为奇异的梦。睡梦之中，玄元皇帝①先对唐玄宗说了一番吉祥话，然后告诉他：“京城西南百里之外，有我一尊像，你派人去取，我们在兴庆宫相见。”

唐玄宗派人前往，果真在终南山附近找到一尊老子像。在唐朝，君王相信老子所降灵符、神像为天赐之宝物，称其为“天宝”。

关于这个梦，唐玄宗写了一篇题为《崇礼玄元皇帝制》的散文，还颁布了一道《玄元皇帝临降制》诏令，告示天下。

如果他的兴师动众到此为止，那么大唐的命运也许会截然不同，但事关皇帝，哪有适可而止一说呢？接下来，唐朝发生的一系列事情，令人啼笑皆非。最显眼的，依然是唐玄宗的心血来潮。

① 玄元皇帝，即老子，本名李耳，道家学派创始人，亦是道教的奠基人之一。唐朝皇帝以老子为祖先，据说，李耳曾在隋末降下灵符，预言李氏将统治天下。此“君权神授”之说，实为皇权的政治宣传与舆论斗争的工具。

唐玄宗认为，既然上天有所指示，就应当顺势而为。公元742年，唐玄宗改年号为“天宝”[①]，沿用二十九年的年号“开元”，至此终结。

改完年号，唐玄宗又想干点别的。天宝初年，他在常规科举考试之外，下制诏举行特别考试，要全国举荐精通道家学说的人才。

唐玄宗到底有没有做这样一个梦，我们无从得知，但既然上有所好，下必甚焉。一时之间，不少官员都宣称见到或者梦到玄元皇帝，告知他们宝物的降落之地。唐玄宗非常高兴，哪怕有些传言被查出造假，他也不予深究。

今天河南省有个县级市叫灵宝，它原名为桃林县，因为官员上报此地出现一枚“灵宝符”，唐玄宗便改其名为灵宝县。吏治之风气，正在唐玄宗的沾沾自喜中，悄然发生着变化。

年号改了，制举搞了，各种祥瑞百官们也都上报了，接下来还有什么花样呢?

我们在读唐朝历史时，多少产生过这样一个疑惑：天宝年间，为什么前两年叫“天宝元年”“天宝二年”，此后的“年”却变成了“载”，比如“天宝三载”“天宝十四载”呢?

这一字之差，寓意却天壤之别，至少在唐玄宗眼里是这样。

唐玄宗即位之后励精图治，他重用姚崇、宋璟、张说、张九龄等能人贤士，提倡节俭、注重法治、整顿官场，开辟出中国历史上最繁华的盛世——开元盛世。大唐王朝迎来它的巅峰时期。

如此背景之下上自百官、下至百姓，无不对唐玄宗寄予厚望，期待他成为尧、舜那样的帝王。担任过三朝宰相的姚崇直言“此时舜海潜龙跃，此地尧河带马巡”，将唐玄宗比作尧、舜。大诗人杜甫也不例外，他曾在《奉赠韦左丞丈二十二韵》一诗中写道：“致君尧舜上，再使风俗淳。”

唐玄宗本人呢，倒是一点也不谦虚。他遍览古籍，发现“年”的叫法有所

① 唐玄宗更改年号的原因有很多，“天降祥瑞”只是其一，此外还有避讳、唐玄宗心态的变化等。

不同。他在《尔雅·释天》中读到一句话:“载，岁也。夏曰岁，商曰祀，周曰年，唐虞曰载。”其中“唐虞”，指的便是唐尧和虞舜。唐玄宗声称，他将效法尧、舜，创造更理想的繁华世界。

于是，唐玄宗下了一道诏书,“改天宝三年为载”。

这一改，就是十四年。直到公元758年，唐肃宗至德三载之后，才将“载”改回“年”。纵观中国古代史中的年号纪年，以“载”代“年”的叫法，只存在于这一时期。

关于尧、舜是否真实存在过，我们暂且不论，可唐玄宗此举，却是创造了历史。然而,“改年为载”并不能让唐玄宗成为尧、舜，也不能让大唐更加繁华。倘若结合唐玄宗的所作所为来看，他所宣称的效仿尧、舜，更像是一场自欺欺人的政治秀。

如果说晋武帝晚节不保，那么，在位后期的唐玄宗，就是一名不折不扣的昏君。为什么这样说呢?我们不妨从三个方面加以分析。

首先，唐玄宗早年提倡节俭，开元盛世之后，他逐渐步入骄奢淫逸的生活。

开元十三年(公元725年)十月，唐玄宗在泰山举行封禅大典，参与者包括文武百官、宗室贵族、四夷首领，以及周边藩国如大食、日本、新罗等国的国君或使者。队伍从洛阳出发，声势浩大，单是马匹就有几万之多，它们按毛色区分组队，远远望去，犹如绚烂的云锦。后勤队伍长达数百里，到了晚上，目之所及，全是扎营的帐篷。封禅仪式结束后，唐玄宗兴奋之余，又接见文武百官、孔子后人、献上颂章的文士，以及几十个民族、国家的首领和使者。他宣布要大赦天下，还将泰山神封为天齐王，禁止百姓在泰山附近十里的范围内砍树拾柴。

尽管彼时唐玄宗仍然没有懈怠朝政，但其好大喜功、铺张奢靡的喜好，已经初露端倪。讽刺的是，还有另一件事，可与他后期的所作所为形成对照：就在封禅大典举行之前的九月，他曾颁布一道敕令，不许各州各县上报祥瑞事件。哪承想，在他梦见老子以后，上报祥瑞的奏表会在大唐的境内频频飞传呢。

开元后期，唐玄宗沉溺后宫。由于妃嫔众多，唐玄宗犯了“选择困难症”，便采用一种类似晋武帝让羊车决定宠幸谁的做法：先让妃嫔们争奇斗艳，在头上插满鲜花，他再放飞一只粉蝶，蝴蝶停在谁头上，当天就临幸谁。其荒诞程度，比起晋武帝有过之而无不及。

后来，因为专宠杨玉环，唐玄宗才不再玩这个游戏。

杨玉环原本有一个丈夫，是唐玄宗与武惠妃生的儿子，即寿王李瑁。婚后，两人恩爱有加。不料，武惠妃去世，唐玄宗整日郁郁寡欢，得知杨玉环才貌出众，便欲占为己有。为此，唐玄宗先设法令杨玉环出家入道，摆脱寿王妃的身份，最后再将其纳入后宫。

天宝四载（公元 745 年）七月，唐玄宗先给寿王选了一个新妃，紧接着八月，便册封杨玉环为贵妃。之后发生的事情我们都不陌生，“一骑红尘妃子笑，无人知是荔枝来”，“春宵苦短日高起，从此君王不早朝”，唐玄宗宠幸杨贵妃而耽于政事的故事，早已家喻户晓。

唐玄宗在国库之外，还设立两大私库，分别名为大盈和琼林，将天下珍宝网罗其间，专供赏赐后宫、宠臣，以及享乐之用。他变得挥霍无度，常常举办宴会。有一回在东都洛阳，他在五凤楼大摆宴席，命令方圆三百里以内的县令、刺史都带上歌舞班子来助兴。他大兴土木、扩建和修缮华清宫、营造汤池等。那汤池之奢华，竟然放置了银镂漆船和白香木船，船桨上面全都用珠玉装饰。嬉戏结束，汤池放水，从宫中金沟流到市井街渠。穷苦百姓们便守在渠边，每天都能从宫中的废水里捡到些珠玉宝串。

另外，唐玄宗早年招贤纳士，后来开始亲小人、远贤臣。

当时“小人”众多，大部分能力有限，难以兴风作浪，直到李林甫“脱颖而出”。李林甫惯用政治伎俩，会巴结，懂隐忍，最终从负责皇帝安保工作的千牛直长，一路升官至礼部尚书、同中书门下三品，与侍中裴耀卿、中书令张九龄一同担任宰相。那么，李林甫都干了哪些坏事呢？唐玄宗罢免裴耀卿、张九龄的宰相之位，便有李林甫一份“功劳”，而裴耀卿和张九龄，可是于“开元盛世”有大功之人。李林甫排除异己的行为罄竹难书，宰相李适之、名将皇甫惟明、重臣韦坚等，不仅遭李林甫诬陷，甚至因他而死于非命。更糟糕的是，安禄山受到重用，也与李林甫多少有些关系。

如果说李林甫是奸臣中的“卧龙”，那“凤雏”当属杨国忠莫属。杨国忠是杨贵妃的堂兄，嗜酒成性、沉迷赌博、不学无术，在军队和地方上当过小官。杨贵妃受宠后，杨国忠被一路提拔，创下一年之内身兼十五职以上的纪录，跻身重臣之列。杨国忠和李林甫一样，公权私用，陷害忠良。自从他担任御史之后，被陷害、灭族的官员多达几百人。李林甫死后，杨国忠成为宰相，最多同时兼任四十多个职位，权势一手遮天。

至于“远贤臣”就更不必说了。但归根究底，不论李林甫、杨国忠的手段多么狠毒，也难掩唐玄宗本人的懈怠与昏聩。

天宝三载（公元744年），唐玄宗已经五十九岁。他想起自己自登基以来，每日四更就起床处理政事，也许是真的累了，也许是被盛世赞歌冲昏了头脑，有一天，他忽然对高力士说：“朕已经有十年没有出过长安，天下太平无事，那么朕打算身居高位，无为而治，把政事全都交给林甫，怎么样？”

高力士反对道：“天子出外巡视，是自古以来的制度。而且，国家的权柄不可以假手于他人，否则等他人权势滔天，还有谁敢指出他的对错呢？”

高力士尽忠直言，却惹得唐玄宗不高兴。唐玄宗脸色一沉，高力士便吓得跪地磕头，说道：“臣有疯病，说胡话，当治死罪。”唐玄宗最终没有杀高力士，但高力士从此以后再也不敢议论朝堂之事。

而唐玄宗仍然认为，大唐再也没有任何值得忧虑的事情，于是一门心思地纵情于声色犬马，政事全都委任给宠臣李林甫、杨国忠之流。

像姚崇、宋璟那般辅助缔造开元盛世的宰相，任期都不超过四年，而字都认不全的李林甫，居然能霸占宰相之位长达十九年。

久而久之，君与臣、臣与臣之间矛盾重重，朝野上下人心惶惶。

国事之外，唐玄宗在处理家事上也是一团糟。

杨贵妃之前，唐玄宗先是宠爱武惠妃。武惠妃可不是寻常贵女，而是武则天的侄孙女。她的见识、野心和心机，自然不同一般。武惠妃得宠令太子李瑛、鄂王李瑶、光王李琚有所不满，因为他们各自的母亲受到冷落。武惠妃得知后，到唐玄宗面前哭诉委屈，谎称他们三人意欲谋害她与儿子李瑁，并且大逆不道，胆敢斥责皇帝。唐玄宗大怒，打算废黜这三个儿子，因张九龄极力反对方才作罢。

可武惠妃怎么会善罢甘休？宫斗一旦开始，不斗个你死我活，谁都睡不安稳。果然，公元737年，张九龄一被罢相，武惠妃就再次向三位皇子发难。她设下圈套，诬陷他们谋反。这次，唐玄宗彻底爆发，先将李瑛、李瑶、李琚废为庶人，旋即又将他们全部赐死。

李瑛死后，李林甫多次劝说唐玄宗，册封寿王李瑁为太子。可是唐玄宗思来想去，最终选择忠王李亨[①]为储君。这样一来，李林甫虽然明面上不敢多说什么，但暗地里多次勾结杨国忠，一起算计李亨。唐玄宗听到的谗言越来越多，尽管他到最后都没有废黜李亨，却也放不下猜忌和防范。

可怜李亨虽然身为储君，却要仰人鼻息，终日惶恐不安。

当然，唐玄宗在位后期的昏庸之事，不止这三个方面，难以一一列举。《新唐书》中还记载了一件特殊的事，事关能否将安史之乱扼杀在萌芽状态，耐人寻味：张九龄直到被罢相的前一年，仍在与唐玄宗据理力争，一定要杀掉安禄山！

公元733年，张九龄第一次见到安禄山时，觉得他嚣张跋扈，便对裴光庭说：“将来扰乱幽州的人，一定是这个胡族小子。”

公元736年，幽州节度使张守珪派安禄山讨伐奚、契丹。安禄山违抗军令，导致大败被俘，后来张守珪将他押送至京城，请皇帝决断他的生死。张九龄上奏道：“张守珪在军中执法严明，安禄山不应免死。”

---

① 李亨，又名李嗣升、李浚、李玙、李绍，唐玄宗第三子，母亲为元献皇后。

然而唐玄宗不仅执意要赦免安禄山，还恩准他以平民身份继续带兵。

张九龄又说："安禄山有狼子野心，看面相带有造反倾向，应该借此机会诛杀他，以绝后患。"

唐玄宗没有接受建议，还警告张九龄不要枉害忠良。一年以后，张九龄就遭罢相，被贬为荆州长史。三年后，张九龄去世。

唐玄宗为何如此偏袒安禄山？当他一手缔造的大唐盛世被此人付之一炬时，他是否会想起过往种种？

遥想开元元年（公元713年），唐玄宗想任用姚崇为相，帮他打开局面，姚崇提出一个条件：当宰相可以，但是唐玄宗必须答应他十件事。

这十件事史称"十事要说"，包括施政以仁为先、不追求边境战功、禁止宦官干政、皇亲国戚不能担任核心官职、推行法治、不能额外收取租赋、不许大兴土木、礼待大臣、虚心纳谏广开言路、杜绝外戚干政。

唐玄宗欣然接受。开元初期，他严格遵守与姚崇的约定，盛世应运而生。

可是到了天宝中期，唐玄宗几乎违背了所有承诺，等待他的又会是什么呢？

## 盛世的窟窿

天宝十三载（公元 754 年），恰好是安史之乱爆发的前一年，京兆府新丰县，夜深人静时分，一位二十四岁的青年偷偷从床上爬起来。他举起一块大石，盯着自己的右臂，神情痛苦，犹豫不决。他望了望云南的方向，忽然一咬牙，朝着右臂猛然一捶槌，咔嚓一声！

他永远失去了健全的身体，而后面还有连绵的痛苦伴随他的终身：每到风雨阴冷的日子，自残之痛就会让他整夜都无法入睡。他后悔吗？他为什么要如此自残？像他这样一个小小的村舍农夫，与唐玄宗无兵抵御安禄山，只能逃离长安，又有什么联系呢？

直到六十年之后，大诗人白居易路过这里，青年已经变成白发老翁，才将自折手臂的原委公之于众。

天宝年间正是杨国忠祸国殃民的时期，他迎合唐玄宗好大喜功的私欲，要征募士兵，去攻打云南境地的南诏国。这次大征兵，每户三个壮丁，便要征走一人。结果唐军屡次战败，尸横遍野，总计伤亡约二十万人。杨国忠却向唐玄宗报告打了胜仗。既然得胜，那么仗还要继续打，可是百姓已经无人愿意应征，杨国忠便派差役去村里抓人，用枷锁将人绑走。一时间，“村南村北哭声哀，儿别爷娘夫别妻”。老翁当年不愿意白白战死，宁愿自折手臂，这才活到如今。

白居易听完老翁的故事，感慨颇多，写道：“天宝末……天下怨哭，人不聊生，故禄山得乘人心而盗天下。”

所谓人心，肯定不在杨国忠虚假的报捷赞歌里，而在老百姓忍痛自残的迫不得已里。这个被王公贵族视为蝼蚁的小人物，却是世人认识盛世真相的契机。要理解其中千丝万缕的联系，得从大唐王朝的两根重要支柱——均田制和府兵制——说起。

自从开元后期，唐玄宗荒废国事，任由奸臣把持朝政。不过，盛世的余荫并不会因此而顷刻消散，唐朝这座大厦的根基，在于其政治、经济、军事等制度的稳定。如果只是朝堂混乱，安史之乱未必能够发生，即便发生，也未必不能迅速平定。

不巧的是，均田制和府兵制逐渐出现松动迹象，虽然从外表上难以看出端倪，内里却早已爬满虫蛀。

我们先来看看均田制是如何遭受破坏的，以及带来了怎样的影响。

均田制，简而言之就是，国家将土地分配给农民耕种的土地制度。这项制度有个前提：分配出去的土地，不包括地主、王侯、贵族等所拥有的土地，而是指无主之地，其所有权属于国家。

要想理解均田制在唐朝的重要性，我们需要先回顾一下，它是如何产生与发展的。

西晋末年，“八王之乱”与少数民族暴动相继爆发，战火连天、都城失守，国家陷入分裂状态，皇室及无数士族、百姓逃亡南方，史称“永嘉南渡”。公元439年，北魏统一北方，面对凋敝的民生，迫切需要将经济生产推上正轨，而农业自然是重中之重。然而，摆在北魏面前的，有四大难题：

一、北方大量人口或死于战乱、饥荒，或流离失所，劳动力极其短缺。

二、人口流失、局势动乱，导致土地荒废严重。

三、在豪强地主、宗室贵族的争夺与扩张之下，土地兼并现象十分普遍。

四、据不完全统计，从公元386年北魏建国到公元485年，一百年左右的时间里，北魏发生过八十三次起义，阶级矛盾异常突出。

在此背景之下，公元485年，北魏孝文帝颁布“均田令”，将国家所拥有的无主土地，依据成年男子、女子、奴婢、丁牛四大类型，做数量不等的分配。此外，国家还对分配田地的类型、种植用途、归还与买卖条件等都做了详细规定，后来的政权又在此基础之上，进行了不同程度的调整。

总之，均田制几乎同时解决了北魏所面临的几大难题。不仅如此，孝文帝还为均田制配套颁布了新租调制。

新租调制是一项税收制度，是在之前的户调制基础上改革而成。它不再以家资多少来划分征收标准[①]，而统一以丁口为单位，向百姓收取田租和户调（通常是粮食和绢、棉、布、帛等纺织品）。此举既能充实国库，又方便税收与人口管理。

作为北魏孝文帝改革的重要举措之一，均田制和新租调制不仅成为北方经济恢复的制度支撑，还为后世解决类似难题提供了模板。

比如唐朝。唐朝初期亦是纷乱的年代，人口锐减至不足隋朝鼎盛时期的四分之一，统治者面临着与北魏统一北方之后相同的困境。于是，均田制顺理成章地沿用下来，并且切实为唐朝的发展做出了巨大贡献。

至于新租调制，到唐时已演变成租庸调制，明确了“庸”一项的规定，也就是受田者除缴纳租、调外，还需服劳役，为政府提供无偿劳动；满足一定条件的人，也可用财物替代劳役。

均田制除了是税收制度租庸调制的基础，还是唐朝军事制度的基础。唐朝中期之前，军事上有一整套完整、严谨的体系，府兵是其中极为重要的兵制之一。

---

① 即所谓的“九品混通”之规定，以资产多少为标准，划分出三等九品，上品则多纳，下品则少纳。

府兵，顾名思义，就是军府之兵。魏晋以来，“府”包括将军府、都督府、地方军府等，经隋唐时期改革，府兵制日渐固定，军府逐渐成为一种通称，即府兵所隶属的军事机构。

府兵的主要职责是驻守边疆、重镇，护卫京师。以唐朝基层军事组织折冲府为例，其分为上、中、下三等，兵力分别为一千二百人、一千人和八百人，有时会根据特殊情况稍加变动。据谷霁光《府兵制度考释》考证，唐朝鼎盛时期，全国共有六百三十余个折冲府，总兵力达到六十万之多。

为什么说均田制是府兵制的基础呢？

这是因为，府兵的来源主要就是均田制的受田农民。“租庸调制”中的“庸”是劳役，但除此之外，受田者还需服兵役。这些农民平时耕地劳作，因战事或训练需要，摇身一变就成为士兵。到了后期，有些府兵可直接在屯军之地耕作。

这些府兵通常需自备兵器、粮食、盔甲、衣物、日常用品等，但可以享受其他待遇，比如减免租庸调、分配更多土地等，因此受到民间欢迎。并且，不是所有受田户均有资格被选为府兵，想要成为府兵，农户还需要达到一定等级。

于国家而言，府兵因流动性较强，与将领之间的依附关系较弱，可以抑制拥兵自重的现象；同时，府兵不必以军人为职，国家无须承担大部分用度，军事支出大幅缩减。

总的来说，唐朝初期的府兵制，是一项“寓兵于农”的军事制度，既不耽误生产，又能充实军力，训练、备战相当灵活，可谓一举多得。

然而，历经多次调整，以及国情差异，唐高宗后期，均田制已经悄然发生变化，等到唐玄宗即位后，量变已然引起质变，其中四个现象尤其不容忽视。

其一，人口与土地的比例逐渐失调。唐朝逐渐稳定后，经唐太宗到唐玄宗早期，经济迅速恢复、发展，人口也相应大增。唐高祖武德年间（公元 618—626 年），唐朝户数约两百余万，到了天宝十三载（公元 754 年），这一数字增加到九百余万，总人口数超过五千万人。期间，尽管耕地面积也有所增加，但是比起人口增长的速度，几乎可以忽略不计。

其二，大多数的女性、奴婢和耕牛不再受田，但增加了僧尼、道士、女冠[①]、官户[②]、工商业者和杂户[③]为受田对象，享有受田的官吏范围也不断扩大。尤其是佛教在唐朝流行之后，享有免税特权的寺庙，逐渐占据大量土地，比如洛阳少林寺占有土地至少四千余亩，大象寺占有五千三百余亩，成都大圣慈寺占有四十余万亩。

其三，土地买卖的门槛越来越低。在唐朝均田制中，永业田[④]、赐田[⑤]均可以买卖，口分田[⑥]满足一定条件后，也可以进行交易。唐朝经“贞观之治”“开元盛世”等时期后，政治与商业都高度发达，富商和官员的数量极大膨胀，他们从合法渠道购置土地，兼并行为盛极一时。而在李林甫、杨国忠等贪官污吏的横征暴敛之下，越来越多的百姓不得不卖地求生。

其四，自北魏至唐玄宗天宝年间，均田制已推行近三百年。在此期间，民间土地被反反复复分割、界定，土地变得非常零碎，为耕作和管理带来很多麻烦。

这些变化相互影响，最终形成放大效应，指向一个结果：民间之田，早已不均，“均田制”名存实亡。

均田制被破坏，后果会怎么样？

---

① 女冠，即女道士，也称作“女黄冠”或“坤道”。在唐朝，由于道教受到推崇，女道士群体的数量也急剧增长。

② 在南朝、隋、唐等时期，犯罪者及其家属可能会被判处为官府服役，并编入特殊户籍，这些人被称为官户。他们通常被分配至官府从事各种劳役，社会地位较低。

③ 杂户，据《中国古代典章制度大辞典》记载，南北朝以来，延续至隋、唐、明、清，社会中存在着隶户、军户、营户、佛图户、伎作户、绫罗户、细茧户、盐户、乐户等名目杂多的人户，他们多出自战俘、罪犯、奴婢、流民、破产的农民与手工业者，身份比奴婢高级，比平民低下，全都不得与士庶通婚，且世袭其业。

④ 永业田，又叫世业田，是指可以世代承耕的土地。

⑤ 赐田，是指君主恩赐的田地。

⑥ 口分田，即以均田制为基础，按人口而分配的田地。

首先，国家税收受到影响。唐承隋制，在唐朝法律中也规定了“未受地者皆不课”，就是说没有田地的人不用交税。土地从农民手中流向豪族、寺庙等处，而这些人享有减免赋税的特权，上缴租、调必然减少。

其次，土地兼并泛滥，意味着贫富差距扩大，不仅国库收入减少，百姓的生活也会受到影响，以致“富者有连阡之田，贫者无立锥之地”。长此以往，阶级矛盾日益严峻，尽管尚未爆发大规模农民起义，却为日后的灾难起到了推波助澜的作用。

最后，也是最严重的一点，均田制遭到破坏，直接导致府兵制崩溃。

府兵制的基础是均田制，受田者若想成为府兵，尚需满足一定条件，未受田者就更没有资格成为府兵了。当农民逐步失去土地，军队的兵力来源便日渐枯竭。

不过，造成府兵制崩溃的原因还有很多，比如战事频繁、府兵素质较低、府兵地位下降、军队腐败屡禁不止等，但根本原因还是均田制遭到破坏。唐玄宗也想过不少办法，比如试图通过改革户籍制度等方式挽救均田制，但效果甚微。

既然府兵制难以为继，唐玄宗又注重边境战功，该如何召集士兵呢？

开元十一年（公元 723 年），唐玄宗采用张说的建议，开始试行募兵制[①]。本章开头的故事便由此而来。朝廷征战，需要临时征募士兵，就连日常宿卫京师、保卫皇宫安全的士兵，也是靠招募得来。

这就造成了两大隐患。

第一点，所募之兵虽在规定上有要求，但实际上招到的人却良莠不齐。尤其是天宝中期以后，折冲府名存实亡，宿卫之人的地位一落千丈。因此，后来招募到的宿卫几乎都是贩夫走卒，整天喝酒吃肉，玩拔河、角抵、举铁一类的游戏。到了安禄山造反，这些人都没法穿上盔甲去迎战。

---

① 关于唐朝实行募兵制的时间，史学界说法不一，除公元 723 年外，还有公元 722 年等说法。天宝八载（公元 749 年），唐玄宗正式废除府兵制。

第二点则更加致命。募兵是由国家出资招募的士兵，与府兵的兵农合一双重身份不同，募兵是职业士兵。府兵制会抑制将领拥兵自重，募兵制恰好相反。募兵由将领长期统率，士兵与将领之间依附性较强，自然会加强将领的军事权力。

唐玄宗为加强边境军事力量，大量增设藩镇和节度使。作为藩镇的地方长官，节度使的权力在唐玄宗时期也逐渐膨胀。唐初，节度使主管军事和防御，开元、天宝年间，节度使几乎总管一地的军事、财政、民生、法治等大权。

为防止节度使失控，朝廷也对其密切监管，比如节度使需定期入朝、重大事项由中央决定、派遣专员巡视等。可即便如此，藩镇势力逐渐强大，又远离都城，失控不过是早晚的事。

盛世之下危机无处不在，窟窿越来越大。

到了天宝年间，唐玄宗已经设置九个节度使和一个经略使，其中不乏少数民族出身的将领，比如安禄山。

这些节度使虽远离朝廷，但是与朝中君臣关系暧昧不清，比如安禄山。

他们手握一地之大权，甚至兼任多地节度使，兵力可与国匹敌，比如安禄山。

安禄山究竟有何本领，竟能从一个默默无闻的小人物，最终成长为左右大唐王朝走向的枭雄？

# 谁喂肥了安禄山

唐朝天宝十载（公元 751 年）的一天，安禄山奉召入朝。

彼时，安禄山体重已逾三百斤，大腹便便垂至膝盖，走路需要借助左右两侧的人搀扶，可在唐玄宗面前跳胡旋舞时，却能“疾如风焉”。唐玄宗曾问他：“胡人的肚子里有什么东西，竟然这么大？”安禄山答道：“只有一颗赤诚的心罢了。”

这一次去长安，和往日有些不同。坐拥平卢、范阳两镇的安禄山，见到唐玄宗后，居然提出一个荒诞的请求：他还想当河东节度使！

更荒诞的是，唐玄宗不仅答应了安禄山，还顺便送他一个云中太守的官职。

至此，安禄山的军事体量如同他的体重一样，开始进入巅峰期。他身兼三镇节度使，号称拥兵近二十万，真正坐稳了“藩镇巨头”的座椅。

近二十万兵力意味着什么？要知道，当时唐朝中央禁军的数量，也只有十三万。也就是说，如果安禄山想造反，长安未必能守住。

上自唐玄宗，下至文武百官，没有一个人想过后果吗？

当然有，而且不止一个，可为什么安禄山仍然能够平步青云？

在唐朝有句俗话，“三十老明经，五十少进士”，说的是读书人寒窗数十载，奋斗到三五十岁，才能通过科举考试步入仕途，而安禄山呢，大字不识一个，且出身卑微，又是少数民族血统，为什么会差点成为唐朝的宰相?

说到底，这仍然是唐玄宗种下的恶果。唐朝建国以来，周边突厥、吐蕃、契丹、奚等部族时常侵扰疆土，每一代君主都颇为头疼。唐玄宗早年励精图治，开启盛世之后，国力大涨，便决心平定边境。

打仗需要人才，去哪里找?起初，唐玄宗试图通过科举制度，从文人中选拔将才，可录取的考生竟然主张“惠怀无战”。唐玄宗大失所望，又开设将帅科、武足安边科、智谋将帅科，但仍然没有合适的人选。

不仅如此，朝中文官及将领受儒家影响较大，大多反对战争，抑或应付了事。一番折腾后，唐玄宗意识到，他想要的将领，至少应当满足三个条件：

一、认同边境战争的正当性，有尚武精神；

二、坚决执行他的指令；

三、受儒教文化影响小。

不久，契丹、突厥、奚等部族再次挑起事端。名将张守珪，因奋力抵抗受到唐玄宗赏识。同时，一批少数民族将领屡建战功。唐玄宗大悦，封高丽人高仙芝为安西节度使，封突厥突骑施人哥舒翰为河西、陇右节度使。

氛围烘托至此，张守珪便顺水推舟，将他的爱将兼义子推到唐玄宗面前。这个人便是安禄山。

唐玄宗重用安禄山，除了因安禄山满足以上条件，还有两个重要原因。

其一，安禄山出身特殊，他是混血，精通多种少数民族语言，便于处理边境事务。

其二，安禄山不巴结太子和权臣，只忠于唐玄宗一人（至少看上去如此），唐玄宗对他很放心。

那么，令唐玄宗不放心的是什么呢?

这个答案，恰好能同时回答我们前面那个问题：为什么安禄山从未被遏制，一路膨胀到能与国抗衡？

原因其实并不复杂：朝堂之上，各方势力错综复杂，安禄山起着不可替代的作用，他的壮大，离不开这些势力的明争暗斗。

在这些势力中，唐玄宗最头疼的，无疑是太子。

大唐建国之初，李世民通过“玄武门之变”夺得皇位。这似乎是一个魔咒，宣告了政变夺权在唐朝的合法性，以至于此后这类戏码多番上演。唐玄宗也不例外，他能当上皇帝，也与一场政变相关。正因如此，唐玄宗常常担心太子势力过大。在位期间，他两次废立太子，曾在一天之内杀了三个儿子。李林甫则抓住唐玄宗的这一阴暗心理来排除异己。比如，他相继构陷皇甫惟明、王忠嗣等边境将领阴谋拥立太子，唐玄宗信以为真，大动肝火，导致两名重要的军事将领死于非命。

有一次，唐玄宗带着安禄山去见太子，安禄山竟然没有跪拜。经人提醒后，安禄山说：“我不知道朝廷礼仪，皇太子是什么官职？”唐玄宗告诉他：“我死后，皇位就传给他。”安禄山赶紧说：“我愚蠢，只知道陛下，不知道太子，真是罪该万死。”这会儿他才行礼。唐玄宗非但没有责罚安禄山，反而很高兴。

这件事记载于《新唐书》，后人多认为，安禄山为讨好唐玄宗，故意得罪太子。或许的确如此，或许唐玄宗也清楚，可这重要吗？唐玄宗需要的，只是安禄山忠于他一人的态度。

当然，安禄山敢得罪太子，除了迎合唐玄宗，还有一个原因：在唐玄宗的压制下，太子的势力不足为惧。天宝十三载（公元 754 年），太子李亨提醒唐玄宗，安禄山肯定有谋反之心，唐玄宗置之不理，好像没有听见一样。

安禄山清楚，如果哪天唐玄宗龙驭上宾，太子继位，他的青云路也就走到尽头了。他赌的就是一场大局。

至于第二方势力，以李林甫和杨国忠为首的权臣集团，既给安禄山创造了机会，又给他带来了大麻烦。

说起来，安禄山的发迹，还与李林甫有些关系。

我们前面提到，唐玄宗不满儒将作风，李林甫也是，只不过他别有用心。李林甫担心，如果朝中儒将在战争中建功，可能会撼动他的宰相之位，于是极力劝说唐玄宗任用没文化的少数民族将领。目不识丁的安禄山被提拔后，李林甫也多次在唐玄宗面前赞赏他。

那么，安禄山属于李林甫阵营吗？

答案是否定的。

李林甫为了与太子抗衡，确实想要拉拢安禄山。可安禄山连太子都敢得罪，还会屈服于李林甫吗？在外人看来，安禄山惧怕李林甫，即使在冬天见到李林甫都会汗流浃背，但他并未真正依附过李林甫。这时的朝堂已经乌烟瘴气，群臣之中，关心百姓疾苦的少，醉心政治斗争的多，户部郎中吉温就是一个。他看出安禄山对李林甫的真实态度，于是赶紧巴结上去，要和他结拜。

天宝十载（公元 751 年），吉温对安禄山说："李林甫虽然现在对三哥你和善得很，但是不一定愿意推举三哥做宰相。我虽然现在为李林甫效力，但始终得不到越级升迁。如果兄长向皇上推荐我，我就会上奏说兄长你能够担当大任，我们一起排挤掉李林甫，让他离开朝廷，兄长必定能成为宰相。"安禄山很高兴，便常常在唐玄宗面前推荐吉温。吉温投桃报李，成为安禄山离开长安后的眼线，凡是朝廷有什么动静，他便立即派人报告安禄山。

类似的明争暗斗还有很多，总而言之，安禄山与李林甫保持着亦敌亦友的关系，即便互相忌惮，也没有做出过分之举。

可是李林甫死后，杨国忠成为宰相，安禄山的这一套就不管用了。如果说安禄山与李林甫的关系是拉扯，那么他与杨国忠之间就更像撕裂。

杨国忠早就看出安禄山的野心，一心想除掉他。杨国忠多次进言唐玄宗，说安禄山想要造反，召他入朝他必定不敢前来。

安禄山是什么人，他知道杨国忠想做什么，更清楚唐玄宗想要什么。每次唐玄宗召见，他都奔赴而来。几次之后，再有大臣说安禄山要谋反，唐玄宗就会大怒，甚至将其捆绑，送由安禄山处置。

更夸张的是，唐玄宗一度打算让安禄山当宰相。委任的制书正在由大臣草拟之时，杨国忠跳了出来，劝阻的理由竟然与李林甫当年推荐安禄山的理由惊人的一致。杨国忠对唐玄宗说道："禄山虽然建有军功，但是目不识丁，怎么可以胜任宰相呢？如果颁布委任的制书，恐怕四方诸夷会看不起我大唐啊。"

唐玄宗想了想，觉得杨国忠说得有道理，所以安禄山的入相之梦并未实现。

这个时候，杨国忠已经意识到自己和安禄山的仇怨结大了。可唐玄宗对安禄山恩宠正盛，他无计可施，只好联合辅相进谏，想要架空安禄山，夺其兵权。唐玄宗认可了这个建议，他命人拟好制书，发出前却犹豫了。唐玄宗觉得，突然架空安禄山，既无证据，又会引起安禄山猜疑，于是，他派人前去观察安禄山是否有谋反之意。

可唐玄宗万万没想到，使者没有收集证据，而是收了安禄山的巨额贿赂，他回去后盛赞安禄山的一片忠心。唐玄宗听罢，收起制书，信誓旦旦地对杨国忠说："我以诚心对待安禄山，他定然不会起反叛之心，我以皇帝的身份为他担保，你们无须担忧。"

由此可见，安禄山在处理与权臣的关系上，拿捏得非常到位，既不攀附而引起唐玄宗的猜疑，也不过分得罪而惹火上身，即便遇到危机，也善用"一颗赤诚的心"，借唐玄宗之手来化解。他虽常年不在朝中，却深谙尔虞我诈之术；他行走于薄冰之上，依然如履平地。

作为边境东北部的"大哥"，毫无疑问，安禄山的对头西部边将，也是一方掣肘势力。

然而，西部边将算不上心腹大患，他们纠缠在李林甫、杨国忠、太子及唐玄宗的多方矛盾中，难以直接威胁到安禄山。甚至有些时候，不用安禄山动手，自然有人替他扫除障碍。

杨国忠曾极力拉拢哥舒翰，多次在皇帝面前为他求要官位。唐玄宗是怎么做的呢？他一边满足杨国忠的请求，一边继续"投喂"安禄山，如此，既能维持双方力量的牵制，还能牢牢掌握主动权。

所以，安禄山尽管与西部边将的矛盾根深蒂固，却不必顾虑。毕竟，作为天平的一端，唐玄宗有足够的理由为他增加砝码。

最后，在安禄山与前面三方势力的斡旋之中，我们很容易发现第四方势力，也就是整个局势中最重要的那个人：唐玄宗。

唐玄宗重用安禄山，几乎无年不封、无年不赏，最夸张的时候，一年内多次为安禄山封官加爵，其他奖赏更是难以计数。赏赐金银还不足为奇，唐玄宗为表示对安禄山的恩宠，打猎归来，会送些猎物给安禄山；为安禄山在京城建造豪华的府邸，乔迁之日强令宰相去道贺；允许安禄山认杨贵妃为母，也就相当于默认他为父了。

唐玄宗之所以这样做，是因为他需要一个强大的、可以完全信任的人，只有这样，他才能安心坐在皇位上。如果说，唐玄宗削弱太子是出于恐惧，那么他对安禄山的放任，则是源于自信。

难道，唐玄宗就没想过安禄山会失控吗？

他当然想过，送给安禄山的那座宅子，以及差一点就兑现的宰相之位，都是为了将安禄山留在身边，并逐渐削弱他的军权。

他当然想过，要不然他怎么会频繁召安禄山入朝觐见，又怎么会派人去试探安禄山呢？

……

可是，安禄山太“完美”，几乎满足了他的所有期待。

这一点，安禄山本人再清楚不过。

唐玄宗试图用一枚棋子，控制整盘棋局。只不过，在安禄山的棋局中，唐玄宗也是一枚棋子。

天宝十三载（公元754年），安禄山入朝。他在华清宫见到唐玄宗后，掩面哭泣道：“我是胡人，不认识字，陛下破格提拔我，杨国忠一定要杀了我才甘心。”唐玄宗见他可怜，待他更加亲厚，封官、封户，又赏赐奴婢、宅邸和产业。安禄山返回藩镇前，唐玄宗在望春亭为他践行，甚至脱下御服送给他。安禄山受宠若惊，内心却感到强烈不安。他匆匆离开长安，每日疾驰三四百里，恨不能插上翅膀即刻飞回老巢。

这是安禄山与唐玄宗的最后一次见面。以后，无论唐玄宗想出什么理由召他入朝，哪怕下了亲笔诏书，安禄山都托词不来长安。

那一刻，唐玄宗做梦也想不到，往后余生，他都将生活在安禄山的阴影之下。

# 第六章　国破山河在

# 安禄山为什么会造反

天宝十四载（公元 755 年）十一月中旬，时值深冬，距离长安数十里外的骊山华清池中，汤池之水如往常一般温热。唐玄宗与杨贵妃正在那儿享受奢华、浪漫的时光。

忽然太原飞骑来报：安禄山起兵造反了！

唐玄宗不以为然。这些年，关于安禄山意欲造反的传言，他听到太多次了，哪一次不是危言耸听？

没过多久，朔方军[①]也紧急报信，同样是安禄山造反之事。唐玄宗仍然没有相信，他觉得这是厌恶安禄山的人在恶意诽谤。

可是军情如火，接二连三呈送华清宫，直到这个月十五日，也就是安禄山起兵六天之后，唐玄宗终于不得不接受事实，赶忙召集宰相杨国忠来筹谋应对：他无比宠信的爱将安禄山，正率领大军直奔京都。

从朝堂大臣到地方官员，甚至连奸臣杨国忠，都知道安禄山必反，唯独唐

① 朔方军，活跃在唐朝西北地区的一支军队，至唐玄宗时期，其统领为朔方节度使。

玄宗例外。最讽刺的是，唐玄宗又偏偏是那个最重要的人，拥有一票否决权。

这么多年来，唐玄宗对待“干儿子”安禄山，远甚于他的亲生儿子。当年太子李瑛、鄂王李瑶、光王李琚被诬陷谋反，唐玄宗将他们废黜、杀害；继任太子李亨，也数次遭诬陷谋反，唐玄宗虽未将其废黜，却处处提防着他。当诸多大臣参奏安禄山意图谋反时，唐玄宗却反过来赏赐安禄山，而将那些大臣送由安禄山处置。

此刻，唐玄宗纵使万般懊悔，也解不了眼下的危机。大唐承平日久，募兵不足且疏于训练，安禄山一来，便投降的投降，逃命的逃命。唐玄宗哀叹道：“河北[①]二十四郡，难道就没有一个忠臣吗？”

直到平原郡[②]太守颜真卿遣人前来通报后，唐玄宗才面露悦色：“朕不知道颜真卿是怎样的人，他的所作所为居然如此出色！”

没错，这个颜真卿，就是后来那位名垂千古的大书法家。他究竟做了什么，竟让唐玄宗这般高兴？

颜真卿原本在长安当官，因为得罪杨国忠而被贬为平原郡太守。平原郡与安禄山的辖地临近，颜真卿判断安禄山有谋反之心，于是以连日下雨为幌子，修缮城墙、疏通护城河，暗地里组织军队、储备粮食。

颜真卿每日与宾客游船、饮酒，安禄山以为他不过一介书生，便没有防备。安禄山起兵之后，颜真卿奋起抵抗，平原郡才没有像其他地区那样迅速沦陷。

站在唐玄宗的视角上看，他的确有足够的理由信任安禄山，可惜，信任并不总是相互的。唐玄宗想不明白这个因果：他对安禄山几乎有求必应，安禄山为什么还会谋反呢？

关于安禄山谋反的动机，史学界众说纷纭。唐朝官员姚汝能在其所著的

---

① 河北，是指河北道，后文同义，指黄河以北大片地区，包括今河北大部分地区，以及河南、山西、北京、天津、辽宁、山东部分地区。安史之乱前，“道”是监察机构而非正式行政机构。

② 平原郡，德州平原郡，属河北道范围内的行政区，位于今山东境内。

《安禄山事迹》中，做了两方面分析。第一个方面，是因为女人。安禄山被杨贵妃收为养子，可以说是他生命中的“高光时刻”。从此，安禄山得以随意出入宫禁，与杨贵妃一起吃饭，甚至通宵不走。外面流传着许多丑闻，唐玄宗非但不觉得荒唐，反而命杨贵妃的堂兄和三个姐妹，也就是杨铦、虢国夫人、秦国夫人和韩国夫人，与安禄山结为兄弟姐妹。

姚汝能认为，就是从此时开始，安禄山为杨贵妃及其姐妹所打动，试图将她们占为己有。后来起兵谋反，安禄山听闻杨贵妃和她的姐妹被杀，竟忍不住连连叹息。

第二个方面，则是因为权欲熏心。这种观点也得到了司马光的认同。

据《资治通鉴》记载，唐玄宗常常在华清宫、花萼楼、丹凤楼等处，举办盛大宴会。宴会期间，鼓乐、胡乐、教坊乐、散乐不断，霓裳羽衣舞助兴，杂技、马戏穿插，又有犀牛、大象来表演增辉。行车之上，建有重峦叠嶂状的棚阁，以五色丝带装饰；又有竹木制造的陆船，船上坐人，下面由人抬起行走。如此种种，构成一派梦幻之境。

这番景象，安禄山当然见过。司马光认为，安禄山常驻偏远之地，身陷这般盛景之后，便开始羡慕唐玄宗的奢靡生活，进而企图谋反。

司马光的推测还有一个佐证：安禄山大军一路南下，占领东都洛阳。面对雄伟壮丽的宫殿，他的称帝之心油然而生。称帝之后，他下令搜罗乐工，心情十分迫切，将大量乐器、舞衣运到洛阳，又赶来犀牛、大象等动物，甚至抓了几百名梨园弟子，迫不及待地复刻唐玄宗的极乐享受。

另外，《新唐书》中也记载了一个细节：安禄山每次进宫，经过朝堂的龙尾道[①]时，都要向南北方向远眺，驻足良久才会离开。这一暗示再明显不过。

---

① 龙尾道，中国古代宫殿建筑前方的特殊通道，由于建筑高度的变化，通道呈前高后低、下塌于地的形态，蜿蜒逶迤，宛如龙之垂尾，由此得名。唐朝长安大明宫含元殿前的龙尾道，上下共有七折，分左、中、右三阶，中间是皇帝行走的御道，两侧是群臣上殿的通道，格外庄严、雄伟。

受到强烈的动机驱使，安禄山苦心谋划了十余年。在这么长的时间里，他为最后的举兵做了哪些准备呢?

天宝初期，安禄山在范阳北面修建雄武城，表面上是为抵御夷寇，实际上在城中屯兵积粮；蓄养战马一万五千匹、牛羊五万余头；组建私人安保队，由八千多名投降的少数民族士兵担任；以监牧[①]长官的职务便利，将朝廷的良马都挑走，用来建立骑兵队；暗地里通过胡族商人，运输大量物资以及珍宝；招募文才武将，比如少数民族将领、汉族谋士等；笼络人心、自我宣扬，树立“圣人”的形象，大搞个人崇拜，以此制造舆论氛围；继续与唐玄宗斡旋，口蜜腹剑，一边博取信任，一边借机壮大，比如求官要赏；等等。

如此，万事俱备，只欠东风。安禄山密谋十年，从宏观层面来说，时机已趋于成熟，比如节度使失控导致其权力过大、唐朝外重内轻的军事格局、朝纲混乱不堪、老迈昏聩的唐玄宗缺乏防范意识等，但安禄山为了师出有名，还在等待一条导火索。巧的是，杨国忠和他想到一块儿去了。

杨国忠与安禄山的矛盾根深蒂固，两人水火不容满朝皆知，无奈杨国忠始终找不到安禄山谋反的铁证，怎么办？杨国忠头脑一热，干脆直接逼安禄山造反，以显示他的先见之明。

唐玄宗曾在长安赐给安禄山一座豪华府邸，尽管安禄山本人远在范阳，但其门客等人却住在那儿。杨国忠查抄此处，没有找到任何证据，就抓捕了安禄山的数名门客，并在监狱中将他们杀害。为了进一步激怒安禄山，杨国忠又收拾了安禄山的亲信吉温，在狱中将他杖打至死。彼时安禄山长子安庆宗正在长安任职，便将此事密报安禄山。安禄山既怕且怒，一方面派人向唐玄宗上表，陈述杨国忠罪状二十几条，另一方面加快起兵部署。

其实，安禄山起兵之前，要说唐玄宗完全没有预感也不现实，毕竟安禄山露出的破绽实在太多。

---

① 监牧，唐时设置的畜养马匹机构，主要分布于陇右地区。

与唐玄宗最后一次告别后，安禄山回到范阳，反心已决。朝廷仍然时不时地派来使者，安禄山常常怠慢他们。

天宝十四年（公元 755 年）六月，唐玄宗手书一封诏书，召安禄山前来长安，参加他儿子的婚礼，安禄山称病，没有赴宴。

七月，安禄山上表朝廷，请求敬献三千匹马，由二十二名蕃将和六千名马夫护送。河南尹担心安禄山袭击京都，便建议唐玄宗，让安禄山冬天再献马，也不用他护送，朝廷直接派人领取即可。唐玄宗按照河南尹的建议，给安禄山写了一封诏书，并且安抚道："朕新近为你造了一个汤池，十月等你来华清宫。"

使者带着圣旨来到范阳。宣读诏书时，安禄山并未跪拜。他盘腿坐于榻上，只微微抬起身子，问候一句圣安。安禄山听完诏书，说："不献马也可以，十月我一定会去长安。"

这年十月，安禄山没有如约前往长安，但他也没有迟到太久。

十一月初，安禄山在犒劳将士数日之后，假称接到唐玄宗密旨，受命讨伐杨国忠。在场的人非常惊讶，却无人提出异议。初九，他率领十五万大军，对外宣称有二十万，浩浩荡荡奔赴长安。

六天之后，唐玄宗终于接受事实，惊愕、失望、愤怒、担忧，纵使唐玄宗是一国之君，万般情绪也只能吞进肚子里。说到底，此刻困住唐玄宗的茧，亦是他自己吐出来的丝。

还能怎么办呢？兵来将挡、水来土掩吧。唐玄宗召来大臣商议对策，宰相杨国忠的态度相当微妙。

很早之前，杨国忠就扬言安禄山要造反，尽管他的判断大多是出于私人利益与恩怨，安禄山造反也与他有些关系，但只从结果来看，他的预言成真了。杨国忠得知安禄山造反后，《资治通鉴》对他的描述是"扬扬有得色"，一副得意扬扬、心满意足的样子。

杨国忠说："眼下只有安禄山一人反叛，将士们不想跟随他，不出十天，他的首级定会被送来。"大臣们面面相觑，吓得脸色大变。唐玄宗却认为杨国忠说得有道理，同时命人在洛阳和河东等地招募兵力，抵抗安禄山的叛军。

可杨国忠只管说大话，安禄山的首级由谁去取呢？还真有人自告奋勇。

这个人就是安西节度使封常清。

唐玄宗问他有何讨贼策略。封常清夸下海口：“天下太平很久了，所以人们听到叛贼风声就心生畏惧。然而，事情有顺逆之分、局势有出奇之变，我请求快马赶到洛阳，开府库、招勇士，挥鞭渡黄河，指日便能取来逆贼首级，献给陛下！”

泱泱大国，臣子谋逆，延迟数日才得知消息，商议对策又如此不切实际，实在令人匪夷所思。

唐玄宗一听，大喜过望，很快任命封常清为范阳、平卢节度使。范阳、平卢两镇，乃安禄山老巢，唐玄宗这么做，不等于没赏吗？其实不然，这两个节度使看似“画饼”，但唐玄宗意在激励封常清，只要他讨伐成功，这可是两个实打实的大官。

经过这一闹，唐玄宗也没心情留在华清宫泡温泉了。二十一日，唐玄宗返回长安，随后将安庆宗腰斩，又赐死其妻子荣义郡主。安禄山起兵之前，谋反意图只有少数人知情，他是否告知过安庆宗，史书并无记载。但无论如何，安庆宗留在长安，多少能够减轻唐玄宗的猜疑，安禄山陷亲生儿子于绝境，亦是其凶狠的写照。

然而，杀了安庆宗，并不能抵挡住安禄山的大军，唐玄宗又干了一件令人啼笑皆非的事。他给安禄山写下一封诏书，先是严厉斥责一番他的叛逆之举，接着给他自首、悔过的机会，只要归顺朝廷，便对他既往不咎。

这种劝降之举，更像是为了彰显皇室权威的形式主义行为。安禄山给唐玄宗回了一封答书，语气之傲慢，将唐玄宗气得半死。

该走的流程都走了，该放的狠话也放了，真正的战斗即将打响，唐玄宗准备好了吗？

或者说，大唐王朝准备好了吗？

# 唐军为何不堪一击

安禄山久经沙场，作战经验丰富，此番又准备充足，兵多将广，一路势如破竹。他麾下的将领，多骁勇善战之辈，如史思明、安太清、安守忠、何千年等，有“十八虎将”之称，而实际远不止十八人。至于安禄山的用兵之道，《旧唐书》等史籍中记载了一件事，可见其老谋深算。

安禄山率大军出发后，派遣部将何千年、高邈，带领二十骑兵先行前往太原[①]。何千年以进献精通骑射的战士为由，诱使太原尹杨光翙打开城门迎接，随后将其劫持。前文说到，唐玄宗最初接到的军情来自太原，便是杨光翙被擒后，太原派出的飞骑传信。

十一月十九日，何千年将杨光翙押送至博陵[②]，安禄山正在那儿等他。安禄山斥责杨光翙为杨国忠效力，并将其斩首示众。安禄山这样做，有两个目的。

---

① 太原，即河东道太原府，位于今山西省中部。唐玄宗时期，太原作为北都，是重要的政治、经济、军事、文化中心之一，地位仅次于长安和洛阳，长官为太原尹。

② 历史上的博陵曾多次更改名称和范围，唐朝以来，博陵主要指定州地区，是河北道的重要城市，位于今河北省定州市。

其一，安禄山起兵的名义是清君侧，要讨伐奸臣杨国忠，而杨光翙恰好是杨国忠的亲信，此举既能为他“正名”，又能制造舆论声势。

其二，杀害杨光翙，必然会将朝廷的注意力引向太原，而安禄山主力部队并不会经过太原，此为声东击西之计。

安禄山的策略非常成功，他率大军南下，直奔东都洛阳而去，攻略城池如履平地。

与安禄山的军队相反，府兵制遭到破坏后，唐朝地方武装力量大多面临兵力不足、武器破旧、战力有限等困境，敌军又突然来袭，他们只好手持棍棒与叛军搏斗。战败之后，地方官吏或投降、或被擒、或自杀、或逃亡，丢城弃地之事，每天都在发生。

那么，唐军一方又是如何应对的呢？

封常清领命担任范阳、平卢节度使后，当日就骑马赶往洛阳，火速开始招兵买马。十天之内，封常清募集了六万兵马，准备迎击安禄山。

六万兵马，还是临时组建的草台班子，如何对抗安禄山的十余万大军？难道大唐王朝就没有其他军队可用吗？

当然有。天宝初年，大唐边境重镇除安禄山外，还有六个节度使和一个经略使，总兵力近三十万，至安禄山造反时，这一数字虽无详细记载，但必然不在少数。可这些军队分布过于疏散、偏僻，远水救不了近火。

另外，中央与内地所掌管的八万多兵力，包括长安与洛阳的禁卫军等部，因长年未经战争而难堪大任，更何况他们还要承担护卫京师之职。

好在，唐玄宗回到长安后，开始从行动上重视这场叛乱。

人员任用上，唐玄宗以郭子仪取代安思顺[①]的朔方节度使职位，命王承业为太原尹、程千里为潞州长史，加强东西两线的防御；又封荣王李琬为元帅、右金吾大将军高仙芝为副元帅，率军东征。

---

① 安思顺，唐朝时期著名将领，粟特族人。安禄山的父亲去世后，母亲改嫁安延偃，而安延偃正是安思顺的叔父。因此，安思顺与安禄山是名义上的堂兄弟关系，但并无血缘关系。

这些人都大有来头。郭子仪原为朔方右厢兵马使、九原太守，熟悉朔方军。安思顺与安禄山是名义上的堂兄弟，不过安思顺此前提醒过唐玄宗，安禄山有谋反意图，因此唐玄宗并未迁怒安思顺，而将他调为户部尚书。王承业与程千里，均为屡建战功的大将。

李琬为太子李亨之弟，自从开元十五年（公元727年）以来，在长安遥领陇右节度大使之职。李琬为人正直，美名在外。官员、百姓们听说由他担任讨贼元帅，都对他寄予厚望。怎料才上任几天，李琬忽然去世，死因不明。人们失望极了。震惊之余，高仙芝只能硬着头皮，带兵顶上来。

可是兵从哪里来呢？据《资治通鉴》记载，士兵只能现招，由内府出资，计划在京城市井之中招募十一万士兵，号称“天武军”，十日之内集结完毕。

意外的是，征兵计划没能圆满完成。高仙芝没办法，只能在禁军飞骑和宿卫京师的彍骑当中拉一些人来，与新兵一起，凑成五万大军，于十二月初一，从长安出发，临时驻扎于陕郡①；唐玄宗派遣宦官边令诚与其同行，行监军之职。正所谓“疑人不用，用人不疑”，唐玄宗任命将领却又不信任对方，给宦官边令诚制造了兴风作浪的机会，在后期闯下大祸。而这五万兵马，虽号称“天武军”，但与封常清招募的杂牌军并无本质区别。

职位设置上，唐玄宗新设河南节度使，这是唐朝首个内地节度使，由张介然担任，领陈留等十三郡；又于叛军沿途各郡，设置防御使，这也是唐朝首次在内地设置该职位。

第一阶段的战力部署完毕，可战斗结果如何呢？

安禄山起兵之前，除了身兼三镇节度使外，还有一个身份：河北道采访处置使。采访处置使这个官说大不大，说小也不小，看似不掌管地区的军政大权，却能监察州县官吏，甚至有权罢免州刺史。安禄山任河北道采访处置使期间，提拔大批官员，因此大军进入河北时，便轻易拿下多处城池。

---

① 陕郡，位于今河南陕州区一带，在潼关与洛阳之间，也是洛阳与长安两都之间重要的中转站。

过了河北，就是河南[1]。张介然刚刚上任河南节度使，叛军就打到跟前，哪里来得及备战。守城之军望敌而生畏，根本无法进入战斗状态。没过几天，陈留太守献城投降，近万名缴械的将士无措地站在街道两边。安禄山入城，俘虏了张介然。

入城之时，安庆绪看到他哥哥安庆宗被处死的告示，将消息告诉了安禄山。安禄山放声大哭："我犯了什么罪，竟然要杀我儿子！"他愤恨难消，正好瞧见投降的士兵，于是将万余人悉数杀害。张介然也遭斩首，首级被一路传送至河北各郡。

局势风云突变，十二月初七，七十岁的唐玄宗干脆宣布：朕要御驾亲征！他颁布《亲征安禄山诏》，表示要亲临洛阳督战，字里行间都是对战局的乐观估计。另外，他命令各镇的节度使们，也亲自率兵出战，在二十天内集结完毕。

这是为了提振人心、宣扬国威，如果成行，兴许能够改变结局。可惜唐玄宗遇到了无法战胜的阻力：杨贵妃在杨国忠的怂恿下，口中衔土，以死阻止唐玄宗御驾亲征。

唐玄宗拖泥带水之际，安禄山倒是行动迅速。叛军压境，陈留再往前，就是荥阳。荥阳的沦陷更为夸张：城墙上的士兵听到叛军鼓声震天，吓得纷纷掉落下来。《资治通鉴》记载的原话是"自坠如雨"。

占领荥阳之后，安禄山距离洛阳就不远了，只要踏过武牢关，便能剑指东都。这时候，安禄山遇到了谁呢？

封常清在半个多月前，给唐玄宗"画大饼"，称取安禄山首级指日可待。抵达洛阳后，封常清紧急招募了六万兵力，这些人都是普普通通的老百姓，还没来得及训练，便被火急火燎地派去迎击安禄山。他们屯驻在武牢关，没多久就与安禄山的大军正面交锋。

这一战的结果毫无悬念，封常清节节败退，一直撤到洛阳外城。安禄山的

---

① 河南，指河南道，后文同义，包括今山东、河南大部，以及江苏、安徽北部地区。

精兵悍将一路喊打喊杀，从四个城门迅疾拥入。《资治通鉴》连续用一个“大败”和四个“又败”，来形容封常清的窘迫。

十二月十三日，洛阳陷入安禄山的魔掌。从范阳到洛阳，总路程约一千六百里，叛军以每日六十里的速度行军，正常行进大约需要二十七天。安禄山边走边打，花了三十三天，也就是说，唐军的抵抗连一周时间都没有争取到。

洛阳沦陷，无异于一记响亮的耳光，打在盛世大唐的脸上。安禄山得意极了，将洛阳城内拒不投降的三名官员斩首，派人传送他们的首级，来威慑河北各郡。首级传到平原郡，颜真卿可不示弱，他抓住安禄山的手下，将其腰斩，又安葬了三位官员。慢慢地，颜真卿威望渐隆，被叛军压制的各郡也开始受到鼓舞，战局出现微妙变化。

一些人去投靠颜真卿，只是带来的士兵都不多，少则几千，多则上万。正面战场对抗安禄山的主力，还得看封常清他们。

封常清败走，一路西撤，只剩下几名骑兵跟在他身边。他们来到陕郡。陕郡的太守、官吏及郡中百姓，早就逃散得差不多了，封常清为什么还来这儿呢？理由很简单：他打算与高仙芝会合，整顿军队再次出击。可封常清想不到的是，高仙芝的五万兵马也是乌合之众，根本无力一战。

封常清对高仙芝说：“我血战多日，叛军锐不可当。潼关此刻没有守军，如果敌军像野猪一样冲进关内，长安就危险了。陕郡肯定守不住，不如我们带兵去占据潼关，做好防御准备。”

两人率军前往潼关途中，遭到敌军追杀，队伍溃散、人马践踏，又折损一批兵力。所幸他们总算顺利抵达，开始修缮防御工事、整顿装备。

事实证明，封常清的这个判断准确且及时，因为他们刚刚修整完毕，叛军就杀过来了。潼关战略地位至关重要，地势险峻，易守难攻。叛军见潼关固若金汤，只好悻悻而归。

乍一听，这似乎算是一个好消息。可仔细一想，不对劲啊：封常清和高仙芝的任务，并不是被动守潼关，而是主动征讨安禄山，如今却反遭击退，甚至快退到出发地了。

至此，说唐军一败涂地也不为过。

这一阶段，唐军溃败的原因显而易见：

一、军事力量差距悬殊。安禄山有十五万精兵，唐军则以临时招募的市井之民为主，士兵的数量、素质、纪律和战斗力都难以匹敌。

二、准备时间严重不足。安禄山蓄谋已久，人员布置、粮草后勤、军事策略等，都早有准备，但唐军为临时组建，没有时间训练，边境大军也来不及救援，更别提制订完善的退敌计划了。

三、态度上过于轻敌。无论杨国忠、封常清是真的相信叛乱可以很快平定，还是为了安慰唐玄宗，他们在态度上显然未能真正重视安禄山，以至于匆忙应对敌军、指挥频频失误。

四、唐玄宗的无能与干涉。唐玄宗缺乏防范意识，安禄山造反之后，他又不愿相信，以致延误时机。此后，他又过多干涉前方战事，譬如派遣的监军就坏过大事。

此外，唐军失利的原因还有很多，比如地理上的限制等。总之，早在战争伊始，唐朝的溃败几乎就已成定局。

可这个时候，安禄山偏偏停下了前行的脚步。

占领洛阳后，安禄山站在雄伟的宫阙面前，做起了皇帝梦。他煽动洛阳的僧人、道士、名士等，上表劝他登基。天宝十五载（公元 756 年）正月初一，安禄山在洛阳称帝，国号“大燕”。

东都洛阳固然装不下安禄山的野心，可他不得不在此停留，因为他突然发现，自己陷入了一个进退两难的困境之中。

## 晚年的唐玄宗，到底有多糊涂

安禄山在洛阳称帝后，没有急于进攻长安，除了满足内心深处的皇帝梦之外，还与两个情况有关。

第一个情况，封常清与高仙芝退守潼关，安禄山派兵打过几次，均无功而返，他不得不从长计议。

第二个情况，也是安禄山最头疼的事：他的大后方出现了问题。

安禄山造反初期，唐军在正面战场兵败如山崩，可随着时间推移，一边倒的局面开始被打破。稳住潼关是其中之一，但更大的好消息，则来自敌后战场。

安禄山造反之前，平原郡太守颜真卿早有预感，便提前做了一些准备。当时平原郡有三千士兵，颜真卿又招募了一万人，并任命几位将领，准备抗击叛军。动员将士之时，颜真卿情绪高昂、声泪俱下，在场之人无不动容。

安禄山起兵后，颜真卿派人报送朝廷，并得到朝廷通缉安禄山及其叛党的文书。颜真卿将文书传达给各郡，于是河北诸郡掀起一股反抗叛军的热潮。

饶阳太守、济南太守、清河长史、景州司马、邺郡太守等，以各种方式对抗安禄山，他们虽然各自兵力不多，但汇聚成团亦是不容小觑的力量。他们推举颜真卿为盟主，协力与叛军作战；颜真卿的堂兄、常山太守颜杲卿，斩杀叛贼将领李钦凑等人，并生擒高邈和何千年二人；同时，朝廷也派来五千援军，助河北平叛。

颜真卿一众的行动，令河北二十四郡中的十七郡归附朝廷，很大程度上牵制了安禄山的军队。

为什么河北对安禄山如此重要呢？

唐朝时期的河北道，辖区覆盖黄河以北大片区域，其中就包括幽州。幽州，天宝元年（公元 742 年）改名为范阳，正是安禄山发家的重要地盘。除了范阳节度使与河北道采访处置使的职位外，安禄山还兼任平卢节度使和河东节度使，这两个地方在地理上也与河北密不可分。可以说，安禄山攻占洛阳之前，河北就是他的老巢和大本营。即便落脚洛阳，河北的战略地位也无可替代：倘若安禄山造反失败，河北将成为他唯一的退路。

河北原本已被安禄山占领，可如今各郡纷纷反水，只剩下范阳、密云、渔阳等六郡依附于他；尤其是常山郡和平原郡的抵抗，几乎切断了安禄山与根据地的联系；高邈、何千年、李钦凑等大将的折损，进一步削弱了安禄山的有生力量。

如果失去河北，安禄山要面对的危机还不止于此。

郭子仪上任朔方节度使后，整顿朔方军讨伐安禄山。朔方军英勇善战，可是位于西北地区，赶往洛阳、长安尚需时日。如果河北完全归顺大唐，那么朔方军便能顺利南下，届时，安禄山别说入主长安，就连回老家都没有路了。

为此，安禄山一边派兵阻击郭子仪，一边谋划夺回常山等河北诸郡。可朔方军实在勇猛，安禄山的部队屡战屡败，安禄山只好把重点转移到常山。

颜杲卿控制住常山后，派儿子颜泉明将李钦凑首级与高邈、何千年送往长安，路过太原时，他们遇上太原尹王承业。王承业刚上任不久，急于立功，于是将颜泉明等人扣下，不仅换掉颜杲卿的奏表，还对他进行诋毁，将功劳尽揽于己身，派人送往长安。

不久，安禄山派史思明等人率兵攻打常山。颜杲卿不知王承业的所作所为，向其请求救援。王承业拥兵不发，颜杲卿弹尽粮绝，最后兵败被俘。颜杲卿大骂反贼安禄山，安禄山一气之下，将他绑到柱子上，凌迟处死。颜氏一族三十余人皆遭碎剐而死。

长安城中，蒙在鼓里的唐玄宗读完奏表龙颜大悦，封王承业为羽林大将军，其部下封官加爵者多达百人。颜杲卿因受诋毁，唐玄宗下诏将其调回长安，使者行至半路，常山沦陷。

河北再次陷入焦灼。彼时，郭子仪正在围攻云中郡[①]，唐玄宗命他撤回朔方，增派更多兵力进攻洛阳，并推荐良将领兵出井陉关，平定河北。在郭子仪的推荐下，李光弼出任河东节度使。唐玄宗又设南阳节度使，统兵五万人，来阻挡安禄山南下。

唐玄宗此举意图很明显：将兵力集中到洛阳附近，与安禄山展开决战。

客观来说，唐玄宗的这番调动确实起效了。

在李光弼与地方守军的联合进攻下，常山郡下的大多数县均被收复，虽然史思明卷土重来，但双方一直僵持不下。很快，郭子仪率军赶到，与李光弼合击，大败史思明。他们乘胜追击，重新夺回河北大片疆土。

至于东南之地，安禄山本以为可以轻易控制，没想到也遭遇顽强抵抗，战局难以推进。

安禄山陷入困境：放弃洛阳再打回范阳，他心有不甘，况且也不是一件容易的事；进攻长安，他又必须跨过潼关，同样是一件困难的事；倘若固守洛阳，等到唐军汇聚而来，则无异于坐以待毙。

安禄山思来想去：若要破局，唯有拿下潼关。

原本在高仙芝和封常清的坚守下，潼关如铜墙铁壁，牢不可破。然而，偏偏这个时候，朝廷内部接二连三出现问题，尤其是唐玄宗一系列糊涂至极的操

① 云中郡，今山西省大同市与怀仁市一带，唐朝时期是北方军事重地。

作，白白给安禄山送去一份大礼。

当初，唐玄宗派宦官边令诚监军，而这位看上去不起眼的小人物，成为唐玄宗搬起来砸自己的脚的一块大石头。

边令诚为人阴险，胆小怯懦。他随高仙芝大军出征，却不断向高仙芝提一些私人要求，总是干涉高仙芝的行动，高仙芝大多没有理会。退守潼关之后，边令诚回到长安向唐玄宗报告，将高仙芝、封常清的战败情况描述得绘声绘色，又对唐玄宗说："封常清长敌人威风、乱自己军心；高仙芝竟然丢弃陕郡数百里国土，还偷盗、克扣朝廷发给军士们的军粮和赏赐。"

唐玄宗大怒，让边令诚带着诏书回到潼关，斩杀高仙芝和封常清。

尽管封常清起初过于轻视安禄山，但交战之后，他认识到自己的轻率，也更加看清大唐面临的危局，这是深宫之中的唐玄宗和杨国忠所无法理解的。战败之后，封常清三次派遣使者进京，向唐玄宗陈述敌军形势，可唐玄宗甚至都没召见他们。封常清无奈，只好亲自赶去皇宫，刚到渭南就接到诏书：唐玄宗削了他官爵，让他以平民身份效力于高仙芝的军营，戴罪立功。

封常清被杀之前，拿出一封早已写好的遗表，让边令诚转交唐玄宗。在这封遗表中，他详细分析了战败原因、敌军实力及军事建议，希望朝廷重视安禄山这个敌人。

边令诚斩杀高仙芝时，将士们为他喊冤的声音震天动地，却仍然没有改变结局。

高仙芝和封常清死了，潼关该由谁来守呢？唐玄宗思量再三，选中了哥舒翰。

哥舒翰是突厥突骑施人，早年战功赫赫，曾当过河西、陇右节度使，将才与威望并重。不过，唐玄宗选择哥舒翰，还有一个原因：哥舒翰和安禄山水火不容。

按理说，哥舒翰是对付安禄山的最佳人选，唐玄宗早该让他出山了，为何到现在才任用他呢？原因很简单，哥舒翰喜欢喝酒，恣意纵情，有一天进屋洗澡，忽然倒地不起，很久才醒过来，此后一直行动不便，只好在长安居家养病。

哥舒翰试图推掉这个差事，但是没有成功，唐玄宗执意让他出征。哥舒翰只好拖着病重的身体，率军进入潼关。以哥舒翰的身体状态，即便有心也无力，所幸他麾下尚有一些大将，加上重兵驻扎，半年内安禄山三次来犯均被击退，潼关有惊无险。

如果潼关能够稳住，等待郭子仪、李光弼以及诸多讨伐叛军的队伍汇聚，唐军必将彻底扭转局势。

可这个时候，唐玄宗又出来搅局了。

天宝十五载（公元756年）六月，唐玄宗得知，安禄山的先锋大将崔乾祐正驻扎于陕郡，且只有四千兵力，都是些羸弱之辈。但凡有点军事头脑的将领，都会怀疑这是安禄山的圈套。可唐玄宗不一样，他曾亲手打造盛世，又亲手将其毁于一旦，没有人比他更急于收复河山。

于是，唐玄宗给哥舒翰下了一道命令：放弃防守，主动出击，收复陕郡和洛阳。

哥舒翰虽然身体不便，但头脑清醒，他立刻上奏唐玄宗。哥舒翰的意思很明确：第一，这是安禄山的计谋，不要上当；第二，叛军远道而来，想要的就是速战速决，唐军固守要地则更为有利；第三，叛军残暴，不得人心，如今又各方受阻，可能很快就会引发内讧，不用着急；第四，眼下各地唐军尚未集结，可以再等一等。

哥舒翰久经战场，分析得有理有据。同时，前线的郭子仪和李光弼得知唐玄宗的计划后，也赶忙上表劝阻。

唐玄宗犹豫之际，又想到一个人：杨国忠。既然拿不定主意，就听听宰相的意见吧。

杨国忠也不傻，该攻还是该守，他清楚得很。可惜的是，他是个奸臣啊，在他眼里，个人利益是优先于国家利益的。

杨国忠早年曾极力拉拢哥舒翰，可当哥舒翰手握重兵，尤其是谋害安思顺之后，又开始忌惮起他来。哥舒翰军中很多人不满杨国忠，有人建议哥舒翰留兵三万镇守潼关，率领其余精锐部队回长安诛杀杨国忠。哥舒翰心里同意，但没有行动，可密谋被泄露给了杨国忠，杨国忠得知后，开始部署兵力，防范起哥舒翰。哥舒翰不满，用计将杨国忠的这支部队收入麾下。

这一闹，两人就站在了对立面。此时唐玄宗来征求意见，无疑是杨国忠借刀杀人的好机会。

杨国忠告诉唐玄宗，当然要趁敌不备，杀他个措手不及，如果哥舒翰拥兵不攻，不排除有其他念头的可能性。

自从遭到安禄山背叛后，唐玄宗处处透露出对将领的不信任，尤其是对少数民族的将领。高仙芝出征，他派宦官监军；宁愿听信宦官谗言，也拒绝接见封常清的使者。杨国忠太了解唐玄宗了，只要稍加拱火，唐玄宗便着了道。

催战的宦官一波接着一波，不断从长安跑去潼关。圣意不可违，即便知道那是错的，哥舒翰抚着胸口失声痛哭，最终率领大军奔出潼关。

而哥舒翰这一去，唐玄宗的好日子也就彻底到头了。

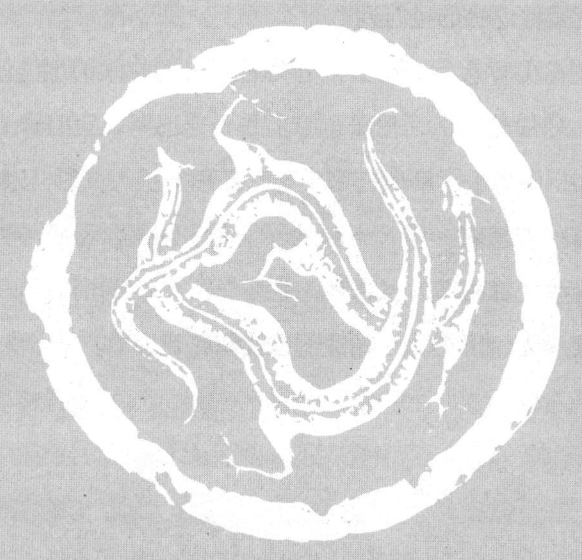

# 第七章　马嵬坡下的血与泪

## 长安三万里，却无容身之地

天宝十五载（公元 756 年）六月初八，哥舒翰率领大军，于百余里外的灵宝县西原，与崔乾祐展开战斗。

说来也巧，这灵宝县，正是十五年前唐玄宗因得“灵宝”而赐名之地。

尽管出兵之前，哥舒翰认为崔乾祐有诈，可他见到崔乾祐兵力不到一万，且散乱不成阵型，顿时信心满满。其他将士的警惕之心也消失了，嘲笑起叛军来。哥舒翰部署五万精兵，向崔乾祐发动进攻；十万主力大军紧随其后，随时接应；又亲自率领数万大军，于黄河北岸的高地观战、助威。

战斗刚刚打响，叛军放倒旗帜，假装溃散逃跑，唐朝官军士气大涨，直追而上。

先遣部队追至一条狭长通道，早已埋伏好的敌军突然出现，顷刻间，无数石块、木头从周边高处滚落，官军挤作一团，死伤无数。

打到午后，东风骤起。崔乾祐借东风之势，燃烧数十辆草车，顿时火光冲天、烟雾缭绕。官军看不清身边状况，只好胡乱射箭，待烟雾散尽，日头西落，箭矢射完，才发现自相残杀许久。此刻，崔乾祐又命令部下率领精锐骑兵，绕到后方冲杀出来。官军腹背受敌，完全不知道该怎么办，有人战死沙场，有人弃甲逃命，有人掉入黄河，哭喊之声响彻山谷，败象惨不忍睹。

紧随其后的大军见状，自行溃散逃奔。黄河北岸，助威的三万士兵也趁乱逃窜。出征的近二十万大军，最后只有八千余人回到潼关。眼看大势已去，哥舒翰只好带领数百名骑兵撤退。

六月初九，空虚的潼关被崔乾祐攻破。哥舒翰进入关西的一个驿站，到处张贴告示，试图聚拢散兵，再守潼关。跟随哥舒翰的部将当中，有一人名叫火拔归仁，他率百余名骑兵，将驿站团团围住。

“敌军来了，请您上马。”火拔归仁对哥舒翰说。

哥舒翰不知就里，骑上战马，来到驿站门外，火拔归仁立刻领着其他部将跪地叩拜。

“您统军二十万，只一战就全军覆没，还有什么脸面去见天子！况且，您没看到封常清、高仙芝的下场吗？请您往东边走。”火拔归仁说。

这是让哥舒翰投降啊！哥舒翰虽为蕃将，但忠于朝廷，又与安禄山素来不和，当然不会答应。哥舒翰正欲下马，火拔归仁将他的脚绑在马腹上；其余不愿投降之人，也被他们抓了起来。路上，火拔归仁一行人遇到叛军将领田乾真，于是主动投降。

哥舒翰被送到洛阳后，见到安禄山。

“从前你常常看不起我，现在感觉怎么样？”安禄山问。

“我肉眼凡胎，不识圣人。现在天下尚未平定，李光弼在常山，李祗在东平，鲁炅在南阳，陛下留下我的命，待我用书信招降他们，不久便能平定这三方唐军。”哥舒翰说。

没想到，不久前拒绝投降的哥舒翰，变脸会如此之快。安禄山很高兴，给哥舒翰封了官，转过头来看见火拔归仁，却说他是不忠不义之人，将其斩杀。

不过，哥舒翰的劝降信不但没有效果，反而招来诸将斥责。安禄山见哥舒翰已经失去利用价值，便将他囚禁起来。

对安禄山来说，攻下潼关，无异于扭转乾坤，难题迎刃而解。大唐本已逐渐掌控战局，可潼关一丢，后方优势便失去了意义。

潼关失守当日，哥舒翰的部下第一时间前往长安汇报，可唐玄宗并没有及时召见。傍晚，潼关的烽火台没有如往常那样亮起平安火，唐玄宗才感到害怕。第二天，唐玄宗叫来杨国忠，问他该如何应对。杨国忠建议避往蜀地，唐玄宗口头答应了。

过后，杨国忠又召集百官，流着泪向他们询问对策，众人唯唯诺诺而言之无物。杨国忠说："十年了，不断有人告发安禄山要谋反，皇上一直不相信。今天发生这种事，不是宰相我的过错。"

不过，杨国忠既然贪生怕死，必定早已想好退路。他深知一点：自己的命运与唐玄宗牢牢绑在一起，只要保住唐玄宗，就算遭天下人唾弃，也不影响他的荣华富贵。

潼关失守的消息传得很快，长安城陷入混乱，百姓争相逃离，市集一片萧条。唐玄宗虽已同意入蜀，但迟迟没有动身，于是杨国忠找来虢国夫人和韩国夫人，让她们前去劝说。

偌大的长安城，已然没有唐玄宗的容身之地。逃，固然不可避免，可是为什么要去蜀地呢？杨国忠有足够充分的理由。

第一，从地理位置来看，蜀地四面环山，天险自成，其中剑阁更有"一夫当关，万夫莫开"[①]的美誉，地形易守难攻，可谓天然的"避难圣地"。

第二，从经济层面来看，蜀地号称"天府之国"，农业较为发达，经济也相对独立，自给自足完全不成问题。

第三，从军事角度来看，蜀地屯兵有三万余人，虽不足以收复失地，但凭借地理优势，守住一方城池绰绰有余。

第四，从避难时机来看，自安禄山起兵时，杨国忠就派人于蜀地储备物资，

① 语出李白《蜀道难》："剑阁峥嵘而崔嵬，一夫当关，万夫莫开。"剑门关位于今四川省广元市剑阁县境内。

基础设施和后勤保障比较完善。

当然，杨国忠选择蜀地还有一个重要原因：那儿是他的管辖范围。杨国忠兼任剑南节度使[①]等多个蜀地官职，虽未在当地任职，但一直有亲信替他打理事务。

唐玄宗没有别的选择。

六月十一日的朝会，到场的百官只有十之一二。唐玄宗登上勤政楼，再次宣布他准备御驾亲征，并煞有介事地任命几位官员处理政事，将宫廷的钥匙交由边令诚保管。随后，唐玄宗移驾大明宫，傍晚，唐玄宗悄悄召见左龙武大将军陈玄礼，命他整顿六军，挑选九百余匹好马。

第二天，任职给事中的诗人王维，同一些官员照常上朝。他走近宫门，见仪仗队威严站立于侧，不远处计时的漏壶声滴答作响。一切恍然如昨，可是宫门打开，却见宫女们慌乱地跑出来，内外一片骚乱。

大臣们这才知道，唐玄宗不见了。

彼时，安禄山尚未进城，长安城就已进入失控状态：上自王公、下至宫女，四处逃窜保命；百姓拥入宫内和其他贵族的府第，抢劫金银珠宝；大殿之内，有人骑驴招摇穿过。不知是谁纵火焚烧左藏库[②]和大盈库[③]，吓得边令诚等人赶紧率众救火。他紧急找了些人代行府、县官吏的职责，分守各处，又杀了十余人，场面才得以控制住。

边令诚这样做，并不是为了稳住局势以待唐玄宗归来。恰好相反，他竟然将唐玄宗留给他的宫廷钥匙送给了安禄山。

---

① 剑南节度使，唐朝天宝十大节度使之一，治所在益州（今四川省成都市及其周边一带），兵力三万零九百人。

② 左藏库，唐朝的国家财政中枢贮藏机构之一，主要负责储存和管理国家财赋收入。与之相对应的是右藏库，凡四方所献金玉、珠贝、奇玩好物等各类宝物，均贮存于此库。左右藏库的物品，不论收入还是支出，都有严格的程序规定。

③ 大盈库，唐玄宗的私库之一，存放各地搜刮进贡的财物和珠宝，供其宫廷享乐及赏赐之用。

唐玄宗还会回来吗？没有人知道。

六月十二日凌晨[①]，天色微亮之际，唐玄宗带着杨贵妃姐妹、部分妃嫔、皇子皇孙，几位重臣如杨国忠、韦见素、魏方进、陈玄礼及家属，还有一些亲近的宦官、宫女，比如高力士等人，在数千禁军的护送下，冒着蒙蒙细雨溜出皇宫。宫城之外的皇亲贵族、文武百官，对此一无所知。

即便是逃跑，也不能正大光明，七十一岁的唐玄宗心中不知做何感想。当年志比尧舜的气概，恍如一阵春风短暂拂过。

经过左藏库时，杨国忠请求唐玄宗将它烧毁："不要留给叛贼。"

"叛贼来了，劫掠不到财宝，必定会搜刮百姓。不如留给他们，不要再让我的子民受苦。"唐玄宗满脸忧愁地说道。

通过便桥[②]之后，杨国忠又派人放了一把火，准备将桥烧毁，以断开叛军的追击之路。

"士人、百姓也要逃避叛贼求生，何必断了他们的路呢？"唐玄宗说完，让高力士去把大火扑灭。

逃亡路上的唐玄宗总算想起，万千百姓亦是他的子民，他的一举一动，都关乎无数人的生死。

然而这时才来关心，为时已晚。他本可以为天下苍生谋世代福祉，如今能做的，却只有为他们留下一座渡河的桥。

而这座桥，即使能渡人渡己，又如何能渡大唐的命运呢？

---

① 关于唐玄宗逃离长安的确切日期，各古籍说法均有出入，此处以《旧唐书》记载为准。

② 便桥，唐时也叫西渭桥、咸阳桥，是从长安通往巴蜀的重要通道，位于今陕西省咸阳市附近。

# 杨贵妃非死不可吗

唐玄宗逃出长安城，无异于从神坛跌落，普通老百姓每天都要面对的生活问题，也开始让他烦心。他命宦官王洛卿先行，通告沿途郡县，以便为他们一行人安排食宿。

大约早饭时间，唐玄宗来到咸阳县[①]，才得知王洛卿和县令都逃走了。中午时分，唐玄宗还没吃上饭，杨国忠去集市上为他买来胡饼充饥。

百姓这才听闻皇上遇难，流落至此，于是争相献上混有麦豆的糙饭。皇子皇孙们饥饿难耐，抢着用手捧起就吃。唐玄宗按照市价付钱给百姓，百姓哭了起来，唐玄宗也捂着脸流泪。

一位名叫郭从谨的老人，忍不住进言道："安禄山包藏祸心，并不是一两天的事，也曾有人去朝堂告发，陛下却杀了他们，使得安禄山造反得逞，导致陛下流离失所。古圣先王致力于访求忠良之士，广开言路，大概就是为避免这种情况吧。我至今记得，宋璟担任宰相之时，曾屡次直言进谏，天下因此得以安

① 咸阳县，据宋末元初史学家胡三省考据，位于长安以西四十里。

宁、太平。可近年以来，朝廷的官员都忌讳进言，只有阿谀奉承取悦陛下，所以宫外之事，陛下并不了解。乡野民间的百姓，很早就知道会有今天的局面，只是皇宫深邃，这些想法无法传达到陛下那里。如果不是事情到了这个地步，我又怎么会有机会见到陛下，当面讲述这些呢！”

这位老人只是一名普通百姓，未曾想过有生之年能够与皇帝面对面谈话，他更不会想到，因为这一番话，他将留名青史。

“是朕不明智，后悔莫及啊！”唐玄宗说。

由于军士们被派去村落寻找食物，耽误了些时间，唐玄宗一行人跋涉到半夜，才走了四十五里路，到达金城。金城的县令和百姓也跑了，不过炊具、器皿还在，士兵们就做起饭来。驿站中没有灯火，皇亲国戚与随从士兵聚在一起，大家互相枕着对方睡去，不再有高低贵贱之分。

将军王思礼从潼关逃出来，唐玄宗这才知道哥舒翰已经被俘。于是，唐玄宗任命王思礼为河西、陇右节度使，即刻赴任，收集散兵，以备东征讨伐叛贼。

第二天，唐玄宗继续赶路。出宫才一天多，他身边的随从已经逃走不少，好在杨国忠没有离开，他得到一点安慰。

不知不觉间，唐玄宗与杨国忠的关系已经悄然发生变化。

在杨国忠的青云路上，最大的功劳无疑来自杨贵妃，如今唐玄宗虽然落难，但对杨贵妃的宠爱并未减弱，从这个层面来说，杨国忠的地位并没有因为逃难而降低。相反，在这二人的关系中，天平开始偏向杨国忠。

杨国忠本就没有什么值得一提的政绩，他常年排除异己、任用心腹，也树敌不少。他威望不足，不仅在朝堂中饱受非议，民间对他亦是积怨已久，仗着唐玄宗的恩宠，才得以坐稳宰相之位。彼时，主动权尚在唐玄宗手中。

在杨国忠与安禄山的争斗中，唐玄宗更加偏袒安禄山，杨国忠的地位受到威胁，安禄山差点入京拜相，便是最好的证据。期间，唐玄宗虽然对杨国忠有所不满，但并未对他有实质性的压制之举。

后来发生的事，验证了杨国忠的“预言”：安禄山造反了。杨国忠在大臣面前做足了戏，唐玄宗理亏，在情与理两方面都陷入被动。

接着，杨国忠更进一步，将入蜀避难的计划落实。蜀地是杨国忠的管辖区域，他早已为迎接皇帝做好准备，养兵、备粮、修筑工事等，尤其是剑南节度使的三万精兵，此刻显得尤为重要。唐玄宗没有更好的选择，只有依靠杨国忠，于是主动权发生了倾斜。

不过杨国忠这个人虽然是个大奸臣，但史书中并未记载他有过谋反之心。这一点，想必唐玄宗也心知肚明，否则也不会这般宠信他。

如此一来，在这坎坷的逃亡路上，这对君臣之间的关系变得格外微妙。倘若没有意外，他们将一同抵达蜀地，唐玄宗换个地方坐龙椅，杨国忠的权力也只会有增无减。

可如果发生了“意外”呢?

到了马嵬坡①，唐玄宗进驿站休息。将士们疲惫不堪、饥肠辘辘，顿时怨声四起。

陈玄礼对杨国忠早有不满，此前便欲诛杀杨国忠，但没有成功。眼下到了非常时期，自己又手握兵权，还有比这更好的时机吗?

当然，陈玄礼也不敢贸然行事，他还需要一个人表态：太子李亨。

陈玄礼将他的计划告知李亨的心腹、宦官李辅国，再由他转告李亨。李亨捏着这个烫手的山芋，竟然不置可否。这种态度，就值得陈玄礼好好琢磨了。李亨与杨国忠的矛盾满朝皆知，杨国忠对李亨十分忌惮，以致到了危害国家的地步。

就在不久之前，安禄山刚刚造反，叛军一时势不可当，唐玄宗提出御驾亲征的想法，让太子李亨留在长安监国。不仅如此，唐玄宗还透露出疲于政事、打算让位于太子的念头。

杨国忠一听，心中恐惧不已。他对韩国夫人、虢国夫人和秦国夫人说：“太

---

① 马嵬坡，在长安入蜀的驿道旁，距离长安一百多里，设有马嵬驿，位于今陕西省兴平市附近。

子向来厌恶我们杨家专横跋扈，他一旦登上皇位，我与姐妹们就危在旦夕了。”几人抱在一起痛哭流涕。

于是，杨国忠派这三位夫人去游说杨贵妃，让她口中含土，以死请求唐玄宗收回成命。唐玄宗御驾亲征之事，就这样不了了之。

因此，李亨不表态，何尝不是一种态度。陈玄礼心领神会：太子默许了。

此时，二十一名吐蕃使者正堵着杨国忠，找他索要食物。

忽然，军中有人喊道：“杨国忠与胡虏谋反了！”

不待杨国忠辩白，“嗖！”一支利箭飞向杨国忠，却射偏在马鞍上。

杨国忠惊慌逃窜，跑到驿站西门。士兵们追上来，将他杀害。杨国忠已死，但士兵们仍然怨恨难平，陈玄礼动员他们的那番话犹在耳边：“如今天下分崩离析，皇上陷入动荡不安的境地，难道不是因为杨国忠盘剥百姓，朝野怨恨，以至于这种地步吗？如果不诛杀他向全天下谢罪，怎么能够平息五湖四海的民怨呢？”想到这些，士兵们把他的尸体割得稀碎，又砍下他的头颅。杨国忠的儿子杨暄，以及韩国夫人、秦国夫人，也未能幸存。群情激奋，单靠这几个人的鲜血能够浇灭怒火吗？

“你们怎么敢杀害宰相！”御史大夫魏方进喊道。

于是，士兵的刀又挥向魏方进。左相韦见素跑出来，士兵们挥拳如雨，把他打得头破血流，要不是有人救他，大唐就要同时死掉两位宰相了。

最后，士兵们将驿站团团围住。唐玄宗听见门外骚乱，于是询问身边的侍从。侍从说，杨国忠造反了。

唐玄宗赶紧穿上鞋子，拄着拐杖走出来，想看看究竟是怎么回事。驿站大门之外立着一支长矛，顶端赫然悬挂着杨国忠的头颅！

事已至此，由不得唐玄宗信或不信。他清楚得很，谋反不过是一个借口。唐玄宗只得慰劳士兵，命令他们收兵。

士兵们不答应，唐玄宗便让高力士询问他们的诉求。

“杨国忠谋反，贵妃也不该再侍奉陛下，希望陛下割舍恩情，将她正法。”

陈玄礼说。

“这件事，朕自会处置。”唐玄宗走进驿站。他拄着拐杖、歪着头，站在门边陷入沉思。

许久，韦见素之子、京兆司录韦谔说：“如今众怒难犯，安危只在顷刻之间，希望陛下速速决断。”他不住地磕头恳求唐玄宗，鲜血从他的额头流出来。

“贵妃常年住在深宫，怎么会知道国忠造反！”唐玄宗说。

高力士看不下去了：“贵妃诚然无罪，然而将士们杀了杨国忠，贵妃仍在陛下身边，他们又怎么会安心呢？希望陛下认真考虑，军心稳定，陛下才能安定啊。”

最后这句话狠狠击中了唐玄宗的软肋。一向予取予求的帝王，终于感受到民心和命运的不可违抗。最终，唐玄宗命高力士将杨贵妃带到佛堂，将她勒死。杨贵妃的尸体被抬入驿站庭院后，唐玄宗召见陈玄礼等人进来。

陈玄礼等人见状，这才取下头盔、脱掉铠甲，向唐玄宗叩头请罪。

陈玄礼有罪吗？当然有。

唐玄宗会问罪吗？当然不会，他甚至能屈能伸，承认自己识人不清，未来要用高官厚禄慰劳他们。

陈玄礼等人高呼“万岁”，拜谢退去，整顿大军准备继续出发。

杨国忠的妻子、幼子，以及虢国夫人母子，在逃亡路上被抓，全都未能免于一死。

“马嵬兵变”从谋划到结束，历时不到一日，看上去像是临时起意的偶然事件，实则没有那么简单。

我们先来看杨国忠之死。

杨国忠遭天下诟病已久，普通百姓郭从谨亦知他是奸佞祸害。朝堂之上，杨国忠的政敌更是不计其数，他之所以一直未遭不测，得益于唐玄宗的保护与自身的势力。如今，皇帝落难自身难保，杨国忠更无势力可言。

相反，护卫禁军的实际掌控者，刚好是他的宿敌陈玄礼。如果只有陈玄礼，杨国忠或许还能躲过一劫，可偏偏太子李亨，宦官高力士、李辅国又都是杨国忠的对头。如果让杨国忠顺利抵达蜀地，到了他的地盘，太子等人还会有好日子过吗？

逃亡第二天，众人便已忍无可忍，即便没有马嵬兵变，早晚也还会有其他兵变，对于杨国忠来说，不过殊途同归罢了。

我们再来看看杨贵妃之死。

的确，杨贵妃本身并无大罪，可在当时的世人看来，唐玄宗晚年的昏聩离不开对杨贵妃的宠爱，即便他们认为唐玄宗有过错，也会将矛头引向“祸水红颜”。更何况，杨国忠只手遮天的权力，也与杨贵妃息息相关。

因此，高力士的那番话可谓一针见血。

杨贵妃非死不可吗？是也不是。从她自身的行为来说，罪不至此；可是放在整个大唐的命运之中，她难逃一劫。

而这场兵变对唐玄宗来说，失去的远不止是杨贵妃，还有他的天下。

# 第八章　这盛世，如谁所愿

# 上蜀道，还是上青天

杨国忠死了，剩下的人该何去何从？

唐玄宗的意愿，是按照原计划去蜀地。杨国忠非唐玄宗所杀，他固然不必担忧，可是参与兵变的将士们处境就不一样了，唐玄宗的庇护所，或许是他们的火葬场。这看似简单的选择背后，实则是一场人心的博弈。

唐玄宗没有直言心中所想，而是与众人商议去向。

将士们说："杨国忠谋反，他的部将、下属都在蜀地，不能去。"他们提出一堆候选方案，河西、陇右、灵武、太原，甚至有人建议返回长安。

"蜀道之难，难于上青天"[①]，对唐玄宗来说却正好相反，长安便是那"青天"，蜀道再难，也难不过回京。可是这话不能从他口中说出，毕竟他是一国之君，长安是一国之都。

这时，韦谔说道："如果返回京师，应当做好御敌准备，眼下兵力不足，这

① 此句出自李白《蜀道难》。《蜀道难》的创作时间尚有争议，但不管何种说法，均认同写于安史之乱前。

不是万全之策，不如先去扶风，再慢慢考虑。”

扶风位于入蜀途中，唐玄宗自然乐意；不说去蜀地，只说到了扶风再从长计议，将士们也无话可说。行程就此定下。

事实证明，韦谔的担心是正确的：大约在杨国忠被杀之后的第三天，叛军进入长安。倘若唐玄宗返回长安，正好撞上叛军的刀口。

逃亡队伍准备重新上路。到了扶风之后，该如何选择？执意入蜀，是否会再次引发兵变？更改目的地，又是否足够安全？唐玄宗接下来还要面对一系列令人头痛的问题，可他们还没离开马嵬坡，戏剧性的一幕又发生了。

唐玄宗上马，正欲启程，突然拥出大量百姓。他们拦住道路，请求唐玄宗留下来。百姓们说：“皇宫是陛下的家，皇陵是陛下的坟，如今您放弃这些，打算去哪里呢？”

唐玄宗勒住缰绳，驻足良久。最后，他率众先行，命太子李亨安抚好百姓。

百姓于是对太子说：“既然陛下不肯留下，我等愿带领子弟跟随殿下一路向东，攻破贼军、夺回长安。如果陛下和殿下都去蜀地，那么谁来为中原百姓做主呢？”

聚集的人越来越多，很快就达到数千人之众。

“陛下远行，路途艰险，我怎么忍心离开他的身边？况且我尚未当面辞别，应当去禀报陛下，听从他的吩咐。”李亨说完，一边哭一边掉转马头，准备去找唐玄宗。

这时，建宁王李倓[①]和宦官李辅国赶紧拽住李亨的缰绳。他们慷慨陈词，主要表达了三层意思：

第一，如今四海分崩离析，人心涣散，如果太子和皇帝同时入蜀，就等于将中原拱手让人，人心再难聚拢。

第二，孝心有大有小，拘泥于眼前的父子恩情，不如收复两京、平定天下，

① 李倓，李亨第三子。

届时重修庙宇、清扫皇宫，再迎陛下回家，这才是最大的孝心。

第三，只要收拢西北守护边境的军队，召集郭子仪、李光弼等部，合力讨伐叛军，破敌指日可待。

广平王李俶[1]也上前劝说李亨留下。百姓们一拥而上，围住李亨的马。于是，李亨命李俶速去禀告唐玄宗。

得知前因后果之后，唐玄宗说了一句话："这是天意啊！"

随后，唐玄宗分出一些人马跟随李亨，嘱咐他们用心辅佐，并令高力士转告太子："你好好努力，不必挂念我。西北各部少数民族，我一向待他们不薄，他们必定愿意为你效力。"此外，唐玄宗还下旨，要传位于李亨。

李亨没有接受皇位。他面向南方，泪流不止。

乍一看，百姓挽留太子似乎是一起意外事件，然而仔细一想，又好像暗藏玄机。史学界有一种观点，认为这是李亨自导自演的一出好戏。

首先，蜀地虽然太平，但对于杨国忠的宿敌李亨来说，不一定有北方安全；并且待在唐玄宗身边，施展抱负的空间极为有限。李亨不想去蜀地，有足够的理由。

其次，李亨继任大统是早晚的事，平定叛乱百利而无一害；何况此时官军力量尚存，讨伐安禄山的过程，亦是掌握兵权的过程。李亨北上，也有足够的理由。

最后，百姓挽留事件恰好发生在马嵬兵变之后、启程去扶风之前，挽留的又恰好是李亨，李倓和李辅国的劝说之词也像是早有准备，李亨推辞一番就接受了，这些细节叠加在一起，未免过于巧合。

唐玄宗与李亨就此分道扬镳，而这"道"，却不仅仅是字面意思。此为后话。

就在安禄山占领长安的那一天[2]，唐玄宗抵达扶风郡，那个他逃避的问题再

---

① 李俶，李亨长子，后改名为李豫。宝应元年（公元 762 年），李豫即位，史称唐代宗。

② 关于安禄山究竟在何时攻入长安，各古籍大多没有确切记载，综合唐朝姚汝能的《安禄山事迹》所记判断，大约在六月十七日前后。

次摆到面前：接下来去哪里？或者说，如何让大家跟随他去蜀地？

挑破这个问题的，是军中士兵。有传言说安禄山的前锋部队就要打上来了，弄得人心惶惶，士兵们各有打算，分歧很大，而且出言不逊，到了陈玄礼也没办法制止的地步，唐玄宗甚是忧虑。

刚好，益州进贡的一批物品此时运到了扶风。唐玄宗命人将它们全部陈列在庭院之中，召集将士进来，开始演讲。

“朕近来衰老、糊涂，用人不当，以至于逆贼作乱、秩序崩坏，必须远远避开他们的锋芒。朕知道，你们都是匆忙之间随我而来，没有与亲人告别，跋山涉水来到这里非常劳苦，朕惭愧至极。蜀道遥远、路途险阻，而且蜀地郡县狭小，我们人马又多，恐怕食宿不能供给。现在听凭你们各自回家，朕独自与子孙、宦官前往蜀地也能够到达。今日就此诀别，你们可以分掉这些贡品，以作为物资、粮食。如果你们回去，见到父母和长安百姓替朕致意，各自好好保重。”说到这里，唐玄宗泪水打湿了衣襟。

众人也跟着哭起来，纷纷表示不论生死都愿意跟随皇上，不敢怀有二心。

“是去是留，你们自行决定。”唐玄宗说。

唐玄宗的这番话，可谓环环相扣、层层递进：

第一步，自我反省，用困境博同情；

第二步，与人共情，直击他们软肋；

第三步，陈述现状，为后文做铺垫；

第四步，转移视线，表达自我牺牲；

第五步，施舍恩德，展现博大胸襟；

第六步，渲染情绪，不留回旋余地。

这些话听上去真挚、诚恳，再加上眼泪的辅助，士兵们瞬间被情绪裹挟，唐玄宗扭转局面的这串连环招，可谓一气呵成。至此，流言、分歧便逐渐平息，入蜀之行再无争议。

内部问题解决了，接下来是外部问题：安禄山的大军占领长安之后，到底有没有派兵追击唐玄宗？

还真没有。

唐玄宗出宫前，保密工作做得很好。安禄山没有料到唐玄宗会直接丢下长安，他让崔乾祐的大军驻守潼关数日，使得唐玄宗有了更多逃跑时间。

长安沦陷后，安禄山本人仍住在洛阳。他命令部下孙孝哲等人，在长安城中搜刮、掳掠、屠杀，每抓满几百人，就将他们一起送往洛阳。宗室、大臣，或各自逃跑，或被抓被杀，或投降安禄山。霍国长公主及王妃、驸马、皇孙、郡主、县主，杨国忠与高力士的朋党等，惨死者逾百人。除了贵族，叛军连无辜百姓也不放过，在长安城的劫掠暴行持续了三日才停止。

长安沦陷，这些叛军将士认为霸业已成，于是终日沉浸于烧杀掳掠、饮酒作乐，加上各地义军的反抗，因此安禄山并没有乘胜追击的打算。

逃亡期间，唐玄宗偶尔听闻有叛军出没，但终究是有惊无险。

转眼到了七月十五日，唐玄宗来到剑门关附近，悬着的心总算放松下来。他颁布诏令，命皇太子李亨为天下兵马大元帅，率领朔方、河东、河北、平卢节度使，攻打洛阳、长安；又任命多名官员，部署相关事宜。

唐玄宗豪情壮志，意图收复江山，可他不知道的是，这江山已悄然易主。

就在三天前，七月十二日，李亨已经在灵武称帝。由于行程不定，加上动乱不止，唐玄宗并未及时知晓此事，到了巴西郡之后，他又继续任命官员。不久，唐玄宗抵达益州、驻跸成都，随从官吏及将士只剩下一千三百人。

命保住了，可是问题更多了。

马嵬坡分别时，唐玄宗打算让位于李亨，李亨不受，为何北上途中却突然称帝？

唐玄宗进入蜀地，李亨另立朝廷，父与子、君与臣、孝与义，这些微妙的关系该如何处理？

蜀地固然安逸，可长安才是根之所在，唐玄宗会如何抉择？

# 重返长安，大唐还是那个大唐吗

与唐玄宗分别于马嵬坡之后，李亨不知该去往何处。在李倓的建议下，一行人朝着朔方走去。朔方尚未被叛军攻占，李亨又当过朔方节度大使[①]，与当地将领、官员常有书信往来，无论是出于安全考虑，还是谋划收复两京，朔方都是最佳去处。

李亨等人快马加鞭，历经重重困难，有时通宵奔驰三百里，终于抵达朔方辖区内的灵武郡。一路上，李亨的军队损失不小，但也聚拢了裴冕、杜鸿渐等一批忠心、实干的大臣。他们以灵武郡为中心，召集四方将士前来守护。

安顿之后，裴冕、杜鸿渐等人就开始谋划一件大事：劝李亨即位。他们的理由很充分：

第一，唐玄宗在马嵬分别前，曾宣旨传位于太子，继任大统名正言顺。

第二，各地将领奋力抵抗叛军，光复大唐指日可待，而如今唐玄宗远避西南之地，平叛大任需要新领袖。

---

① 节度大使，唐玄宗时期设置的一种官职，由亲王或宰相遥领，本人居于京师，不去藩镇就职。

第三，召集将士不易，这些人来到灵武追随太子是想建立功名，倘若太子不能聚拢人心，则会失去他们的忠勇之心。

李亨拒绝了大臣们的请求，直到他们连续五次上奏之后，才答应下来。

七月十二日，李亨于灵武登基，改“天宝十五载”为“至德元载”，尊唐玄宗为上皇天帝。李亨即位后，后世称其为唐肃宗。杜鸿渐被封为中书舍人，裴冕则成为中书侍郎、同中书门下平章事，领宰相职。此外，唐肃宗还任命了一批官员，调整了周边地方的行政体制。

新的朝廷建立起来，唐肃宗便着手谋划平叛之事。

眼下的局面实在不容乐观，当初朔方节度使郭子仪奉命率军讨伐安禄山。因此，朔方的精兵强将大多已随郭子仪出征，唐肃宗身边的大臣为数不多，又是临时任命的，怎么看，这个新朝廷都像一个草台班子。

可就是在这样有限的条件下，他们不仅征集到不少地方军队，还拉拢了一些附近的少数民族兵力；最重要的是，郭子仪、李光弼率领部队回到灵武，两人也同时获封宰相之职。平叛大军于灵武集结，枕戈待旦。

还有一件与讨伐叛军同样重要的事情，等着唐肃宗去做。

八月，唐肃宗派遣的使者达到成都，向唐玄宗奉上奏表。唐玄宗这才得知李亨即位，不但没有生气，反而面露喜色。

“朕的儿子顺应天命、人心，朕还有什么好担忧的！”唐玄宗说。

几天后，唐玄宗下了一道诏书，正式宣布将权力移交唐肃宗；又召见韦见素、房琯和崔涣，命他们携带传国宝玺和玉册①，前往灵武交给唐肃宗，完成传位仪式。这三人来到灵武后，也留下来辅佐唐肃宗。不过，唐肃宗照例没有接受传位。

从早期处处防范太子谋反，到后来数次暗示传位，唐玄宗似乎真的变了。我们无从知晓唐玄宗的心路历程，但有一点可以确认：安史之乱如一记棒槌，

---

① 玉册，也称作玉策，是古代一种用玉简制作的册书，主要用于帝王即位、上尊号、祭祀天地等礼乐活动。

狠狠敲在他昏聩的脑袋上，令他不得不面对糟糕的现实和自己。

史学界亦有观点认为，唐玄宗让位之举，既是试探，也是出于无奈。他将韦见素、房琯和崔涣安置在唐肃宗身边，不过是为了监控他的行为。

“由于中原动乱，我暂时总领百官，哪敢趁乱夺取皇位？”唐肃宗说。

无论是出于忠还是孝，或者仅仅是口头谦让，唐肃宗的做法都在情理之中。眼下，天下动荡不安，不如先收复长安、洛阳，再来讨论这些规矩。

尽管讨伐叛军的过程并非一帆风顺，很多战役甚至极其残酷，但唐朝官军还是于至德二载（公元 757 年）收复两京。十月，唐肃宗启程前往长安，同时派韦见素入蜀，恭迎太上皇唐玄宗返京。

抵达长安后，唐肃宗召见谋臣李泌。

“朕已上表，请求太上皇东归，届时我将回到东宫，重新履行为人臣子的职责。”唐肃宗说。

“奏表还能追回来吗？”李泌问。

“已经太远了。”唐肃宗说。

“太上皇不会来了。”李泌说。

唐肃宗大惊，追问李泌缘由。李泌说，这是情理和形势发展的必然结果。

李泌为什么这么说呢？唐玄宗年迈，不仅未能退敌，反而躲进蜀地，而李亨孤军北上，以皇帝之名历经万难收复两京，唐玄宗如果此时返回长安继续当皇帝，必会饱受诟病。此外，李亨的势力已然壮大，即便唐玄宗不想退居二线，也断然坐不稳皇位。

“那该怎么办呢？”唐肃宗问。

“现在，请让我重新代群臣起草一份贺表，就说从马嵬留别，到灵武劝进，直至今日功成，皇上日夜思念太上皇，请求太上皇迅速回京，以满足皇上尽孝的心愿。这样就可以了。”李泌说。

事情果然如李泌所料。唐玄宗接到第一道奏表后心事重重，吃饭也没有胃口。他命使者回复说，自己只需要剑南道供应吃穿，就不回长安了。

第二道奏表一到，唐玄宗一看群臣请求他回京，只字不提皇位之事，于是大喜，将行程敲定下来。

十二月，唐玄宗到达咸阳县，李亨带了三千名精锐骑兵和天子规格的车驾来迎接他。父子俩再次相见，却是以太上皇和皇上的敏感身份，唐玄宗会如何处理呢？唐王朝骨肉相残的魔咒，是否会再次应验？

说到底，如今的唐玄宗再也不是当年政变夺权的血气方刚的青年。他取来黄袍，亲自为李亨穿上。后来，他又对左右随从说道："我当皇帝五十年了，从来没有觉得尊贵，现在成了皇帝的父亲，我觉得尊贵了。"

不论出自真心，还是妥协，烦琐的礼节与形式之后，李隆基与李亨这对父子总算相安无事。可是，大唐已然不是他们当初离开时的那个大唐了。

安禄山起兵造反之前，种种弊病虽已初见端倪，但天下整体维持太平。安史之乱后，各种问题浮出水面且愈演愈烈，比如不完善的土地、赋税、军事制度，又比如尾大不掉的藩镇割据局面，如此种种。

虽然安史之乱最终于公元763年得以彻底平复，但此后大唐再难维持长久的和平。河朔三镇之乱、四镇之乱、吴元济叛乱，庞勋起义、王仙芝起义、黄巢起义，这些战乱一波未平一波又起，导致皇权一再受到威胁。唐玄宗之后，又有数位唐朝皇帝逃离京都、外出避乱。譬如黄巢起义时，长安也曾陷落，唐僖宗"效仿"唐玄宗，进入蜀地避难。

关于唐玄宗入蜀的历史，有个细节颇有意味。在诸多史籍记载中，为维护皇室尊严，唐玄宗屈辱且窘迫地逃往蜀地，被称为"幸蜀"。"幸"字彰显皇权之高贵，即便落难于此，那也是蜀地的幸运。

这种看似自欺欺人的说法，又并非毫无道理。唐玄宗的到来，的确是蜀地的幸运，尽管这幸运的前提，乃是国家之大不幸。

唐玄宗入蜀的消息传开后，由于北方战乱不止，无数皇室、士族、百姓也开始陆续逃往蜀地。此后，北方战事不休，不只蜀地，整个南方地区都成了北方民众的避难所，人口南迁源源不断。

《旧唐书·地理志》记载：

自至德年间以来，中原地区多灾多难，襄州、邓州的百姓，以及两京的士绅、官宦，都纷纷投奔到长江、湘江一带。因此，荆南地区的城镇、乡村比原来繁荣了十倍。

唐朝文学家梁肃，在其所作的《吴县令厅壁记》中也描述了这一现象：

从京口往南，一直到浙河地区，出现十多个望县①，其中属吴县最大。上元年间②前后，中原地区多灾多难，士绅官宦纷纷向南逃避，寄居于这片土地之上，并成为当地户籍中的一部分。

以安史之乱为分界点，南北方人口数据的变化到底有多明显呢？

天宝年间，唐朝人口最多的地区，分别是河南道和河北道，而南方人口，大约只占全国总人口的百分之四十。元和二年（公元807年），距离安史之乱爆发五十余年后，宰相李吉甫等人撰写了《元和国计簿》，详细统计了当时人口、赋役、财政、税收等方面的数据。按照《元和国计簿》统计，当时天下共有两百四十四万余户，而浙西、浙东、宣歙、淮南、江西、鄂岳、福建、湖南等南方八道，就有一百四十四万余户，约占全国总户数的百分之六十。

北方与南方人口的比重，彻底调换过来。随着大量生产力、生产经验及生产技术的涌入，南方的农业、纺织业等产业开始加速发展。

这对唐朝的影响究竟有多大呢？

自西晋末年永嘉南渡之后，南方曾进入短暂的繁荣阶段，但随着北朝的崛起和隋唐的统治，北方经济得以复苏，其经济重心的地位尚未动摇。而以“玄宗幸蜀”为首的北民南迁，则开始打破这一局面。《唐大诏令集》记载：“两河宿兵，户赋不入，军国费用，取资江淮。”其中“两河”是指北方的黄河中下游地区，当地赋税缴纳困难，国家军费、行政所需主要依赖于南方的江淮地区。

---

① 唐朝根据地理位置、土地条件、人口多寡等标准，将县分为十个等级，从高到低依次为赤县、次赤县、畿县、次畿县、望县、紧县、上县、中县、中下县和下县。

② 此处的“上元”，是唐肃宗李亨所使用的年号，共历经公元760—761年两年。

无独有偶,《新唐书》中也记录了宰相权德舆的一句话:“江、淮田一善熟,则旁资数道。故天下大计,仰于东南。”旁资数道,意思是可资助周边多个地区。

权德舆说这话时,是贞元八年,也就是公元792年,彼时距离唐玄宗入蜀已过去三十余年。可见,经过这段时间的发展,江南地区所产粮食已经成为国家命脉的重要支撑。

我们来看一组数据,或许会有更直观的感受。

公元785年,唐朝增加了江淮地区的漕运量,浙江东、西两道,每年运送大米七十五万石,另外又通过征收两税换取大米一百万石,江西、湖南、鄂岳、福建、岭南等地,也运送大米一百二十万石。这个数字,已接近大唐鼎盛时期关东地区的漕米运量。人口聚集、经济发展,必定带来税赋的增加。唐朝中后期,朝廷对南方地区的依赖之深,已是当时朝野上下的共识。

宰相第五琦说:“赋之所出,江淮居多。”

文学家萧颖士说:“今兵食所资在东南。”

文学家韩愈说:“当今赋出于天下,江南居十九。”

诗人杜牧说:“今天下以江淮为国命。”

大将军王式说:“国家用度尽仰江、淮,若阻绝不通,则上自九庙,下及十军,皆无以供给。”

……

除了农业,唐朝后期南方的手工业和商业,亦呈高歌猛进之势,尤其是丝制产业,规模已经超过北方。此外,因为士族文人的到来,蜀地原本闭塞的人文环境也受到前所未有的冲击,对于当地的风俗、观念及文化都产生了深远影响。

然而,在晚唐及之后的五代十国时期,中国经济重心的南移尚未真正完成。

西晋末年的永嘉南渡,为南方经济的崛起打下基础;唐玄宗、唐僖宗的“幸蜀”,引发南北天平的剧烈摆动;而完成经济中心南移的最后一步将不再遥远,这也正是我们下一部分所要讲述的内容。

# 第三部分

# 建炎南渡：少有人走的路

## 第九章　既要又要，最终会得到什么

# 为什么说燕云十六州是北宋的心病

政和元年（公元 1111 年），宦官童贯奉宋徽宗赵佶之命，随大臣郑允中出使辽国[①]。自“澶渊之盟”签订以来，宋辽两国之间的和平已持续近百年，彼此互派使者出访，并不是罕见的事。

可这次和往常有些不同。此番使辽，名义上是“往贺生辰”，但童贯还带着宋徽宗的秘密任务：侦查辽国国情。

宋、辽既是盟国，宋徽宗为何要这样做？追根溯源，还得从燕云十六州[②]说起。

公元 936 年，后唐重臣石敬瑭谋反，可他力量有限，于是请求辽国出兵。石敬瑭建立后晋政权，依附辽国，以辽太宗耶律德光为父，并割让燕云十六州。

---

① 辽国，契丹族建立的政权，其国号数次在“大契丹”和“大辽”之间更改，为便于阅读，本书统一称为“辽国”。

② 燕云十六州，亦称幽云十六州，是以幽州、云州为中心的北方十六州，大多位于战国时期的燕国境内，涵盖今天北京、河北、山西、天津的部分区域。“澶渊之盟”后，辽国归还北宋十六州中的瀛洲和莫州，但为便于阅读，本书仍称“燕云十六州”。

北宋建国之后，几代君主都尝试过收回燕云十六州。

宋太祖赵匡胤曾专门设立“封桩库”，收纳国家财政结余、战事中缴获的财富等。赵匡胤说，等攒够钱，就拿去辽国赎回燕云十六州；如果辽国不同意，那就用这些钱招兵买马，采取武力方式收复。可惜，赵匡胤生前的志向并未实现，而“封桩库”中的金银财宝，也为北宋后世的帝王挥霍殆尽。

此后，宋太宗赵光义、宋真宗赵恒曾数次举兵北伐，均未能收复失地。在一次败战中，宋太宗腿部中箭，此后余生都在箭伤的折磨中度过。

北宋为何执着于收复燕云十六州呢？最重要的原因无非两点：

其一，北方这片土地，是中原与游牧民族的过渡地带，地理位置极为重要，失去这里，就等同于中原的大门始终敞开着，危险不言而喻。

其二，北宋建立后，制定“先南后北、先易后难”等军事策略，陆续统一南方和北方的大部分地区，如果燕云十六州不能收复，统一大业就始终缺少一块重要拼图。

于是，宋辽战争不止不休。直至公元1005年，北宋与辽国签订“澶渊之盟”，边境的硝烟才消散而去。依“澶渊之盟”，辽宋约为兄弟之国，以白沟河为界，宋朝每年向辽国提供三十万岁币[①]；辽国归还北宋遂城、瀛洲和莫州。

关于“澶渊之盟”的争议，从北宋至今，一直争论不断。赞成者认为，北宋以很小的代价换来边境的安宁，以及国家的和平发展，是一件非常划算的交易——银十万两、绢二十万匹，不过占朝廷每年军费支出的百分之一；反对者则批判，宋真宗在占优的军事局面下，签订此盟约太过耻辱，且北方失地一日未能收回，宋朝便一日不得安心。

因此，尽管从结果来看，“澶渊之盟”的确为宋辽两国争取了百年和平，但燕云十六州仍然是北宋的一块心病。

“澶渊之盟”后，北宋君主将精力集中在内部发展上，辽国也暂时恪守盟

---

① 岁币，此处是指朝廷每年向外族交纳的财物。“澶渊之盟”规定的三十万岁币中，包括银十万两、绢二十万匹。宋仁宗时期，岁币从三十万增加至五十万。

约。可是宋徽宗即位后，很快就坐不住了。

彼时，北宋经历鼎盛时期之后，内部矛盾逐渐凸显，政治、财政、军事等各方面问题接踵而至；外部环境也令人担忧，西夏建国后，对北宋侵扰不断，战乱与和平交替不定。宋徽宗若想建立功业，收复燕云十六州便是最好的途径。

恰好，辽国境内的新情况，也让宋徽宗看到了机会。

宋徽宗当上皇帝的第二年，也就是公元 1101 年，辽国耶律延禧即位，即天祚帝。天祚帝面对辽国权斗泛滥、贪腐成风的局面，非但没有整顿吏治，反而贬黜萧兀纳等忠臣，宠信萧奉先、耶律阿思等奸佞。此外，天祚帝沉溺于游猎，骄奢荒淫无度，以致朝政荒废，宗室权贵的斗争愈演愈烈，民间反抗之声此起彼伏。

最重要的是，他忽视了女真族的崛起。

女真族前身叫作黑水靺鞨，各部落早先散居于东北地区，大多臣属渤海国。辽国灭渤海国之后，对女真族采取了一系列高压政策。11 世纪中期，分散的女真族部落在完颜部的整合下，建立了部落联盟。天祚帝即位后不久，完颜部势力进一步扩张，逐渐统一女真各部。

萧兀纳被贬之前，就一直监视着女真族部落动向。他数次上奏天祚帝，应当对女真族加强防范，天祚帝却置若罔闻。

在这些复杂的背景之下，宋徽宗交给童贯的秘密任务，也就不难理解了。

史书之中，宋徽宗北伐的念头由此开始。而在历史面临剧变之际，哪怕是一个名不见经传的小人物，也有可能掀起滔天巨浪，比如马植。

马植本为燕[①]人，出身辽国大族，亦在辽国为官。宋朝使团路过卢沟[②]时，马植自称有吞并燕地之策，夜间秘密拜访了童贯。两人一番交谈，童贯对马植啧啧称奇，将他改名为李良嗣。

---

① 北宋时期，燕地主要指燕云十六州地区。

② 卢沟，北方一条重要河流，与今天的永定河位置、流域、河道大体相同，略有出入。卢沟桥便是因横跨卢沟而得名。

李良嗣跟随童贯来到宋朝，他向朝廷献策说：“女真族对辽人恨之入骨，天祚帝又荒淫无道，本朝如果派遣使者从登州、莱州渡海，与女真族结好，互相约定共同攻打辽国，那么辽国必然会败。”

登州、莱州的海路，因涉及很多少数民族而关闭百余年，大臣们对此颇有顾虑，认为这条海路一旦打开，可能会对中原地区造成威胁。

宋徽宗不听，亲自询问李良嗣的看法。

李良嗣舌灿莲花：“辽国必亡，陛下感念旧民遭涂炭之苦，思虑恢复中原往日疆域，代替上天谴责并惩治恶贼，王师一出，百姓必定盛情迎接。可如果女真族得志，先发制人，后发则制于人，便不可同日而语了。”

宋徽宗对李良嗣大加赞赏，赐他姓赵，又封他为秘书丞。谋划收复燕云十六州之事，正式被宋徽宗提上日程。

正如赵良嗣所言，政和四年（公元 1114 年）九月，女真族在完颜阿骨打的率领之下起兵反辽，并于第二年建立大金政权。完颜阿骨打称帝后，金与辽的战争进入白热化阶段。

由于当时信息传递滞后，宋徽宗并未及时知晓辽国的状况，因此无法判断“联金灭辽”的时机，迟迟没有付诸行动。

直到政和七年（公元 1117 年），登州知州王师中向朝廷上报了一件小事，这才引起宋徽宗的注意。

当时汉人高药师、曹孝才等人，本来在金朝谋生，为躲避战乱，带领他们的亲属两百余人乘船渡海，想逃往高丽。结果，七月的一场风浪让大船偏离航线，漂到了宋朝管辖的驼基岛。

王师中问他们发生了什么事，高药师不敢有半点隐瞒，他说：“女真人杀了高永昌[①]，渤海人、汉人都成群结队地沦为盗贼，契丹人无法管住他们。女真族

① 高永昌，渤海国贵族后裔，本在辽国为官，后起兵建立政权，遭天祚帝镇压，于是向女真族的完颜阿骨打求援，因不愿答应完颜阿骨打让他取消帝号的条件，还反而要求完颜阿骨打释放俘虏的渤海人，而被女真攻击，最后遭部将出卖而惨死。

攻打契丹，占领他们的地盘，已经越过辽河西边。”

宋徽宗听闻，赶紧召见蔡京、童贯等人，商议联金之策。

北宋建立之初，女真族常常进贡，宋太宗也多次下诏向女真族购买马匹，只不过后来双方断了联系。众臣建议，由宋徽宗下诏书，派遣使者联系女真族，以购买物资为名打探消息。

于是，宋徽宗命令王师中委派七名将校，带着购买马匹的诏书，与高药师等人一同渡海前往女真族领地。靠近岸边后，看见女真族士兵在巡逻，他们不敢靠近，只好打道回府。回复朝廷时，他们声称不被女真族接纳，还差点被巡逻的士兵杀害。

宋徽宗一听，非常生气，一面把那几个办事不力的将校发配到穷山恶水之地，一面命童贯接手，处理与女真族的关系。在童贯的安排下，武义大夫马政、平海军指挥使呼延庆和高药师等人，集结了一支规模更大的队伍。他们满载礼物，再次渡海。可刚刚抵达岸边，他们就被女真族士兵抓捕，不仅财物被夺，还险些丧命。

后来，士兵将他们捆了，送往完颜阿骨打那儿。几番沟通之后，误会才算解除。但完颜阿骨打并没有全然信任他们，而是留下几名人质，再派遣使者携带国书与礼物、特产，同马政等人一起前往宋朝。

宣和元年（公元 1119 年）正月，大金使者李善庆抵达京城。宋徽宗召蔡京、童贯、赵良嗣等人商议，该以何等规格的礼仪回复大金。作为“联金灭辽”的极力推崇者，赵良嗣认为，应当以国书回复。直秘阁[①]赵有开不同意，他觉得女真族首领不过一个节度使，世代仰望中原，恨不得向宋朝称臣，因此不必过于重视，以诏书回复即可。

这看似只是两个人的分歧，实则暴露出一个重要问题：究竟是否应当“联金灭辽”，朝廷上下并不同心。宋徽宗一心想要收复燕云十六州，有些人反对，

---

① 直秘阁，馆职名，供职于秘阁，正八品。

有些人支持，还有一些人无奈地选择支持，但并没有下定决心。这种犹豫不决的态度，为日后北宋的被动局面埋下了隐患。

宋徽宗拿不定主意，于是询问李善庆。李善庆说："国书和诏书都行，就看朝廷怎么选择。"于是，宋徽宗采纳赵有开的建议，并授予李善庆等人官职，发放全年俸禄。

李善庆在开封逗留十余日后，与宋朝使者赵有开、马政、呼延庆等人，一同前往大金。可他们刚刚到达登州，准备渡海时，意外发生了。

# 谁终结了百年和平

宣和元年（公元 1119 年），登州。

前往金朝的船还没来得及出发，赵有开去世了。

这一耽搁，又遇到河北[①]向朝廷上报，称抓住了一个间谍。那间谍供出一条惊天消息：辽国已将辽东地区割让给金朝，封完颜阿骨打为东怀王，金则试图与辽修好，有大金奏表为证。事后证明，这份奏表是伪造的，可当时宋徽宗信了。

宋徽宗赶紧召回马政，只派呼延庆等人携带登州文书，送金使回国。这年六月，呼延庆一行人抵达大金。完颜阿骨打在军帐里接见了他们。他一看宋朝的态度，脸色大变，谴责宋朝不应中途变卦，而且登州这种地方哪来的资格给大金发放文书。呼延庆拼命解释，完颜阿骨打不理会，将他们扣留在金朝。其中一个被宋朝封官的金使也成了出气筒，被完颜阿骨打赐以杖刑，剥夺官位。

---

① 河北，指河北路，包括现在的河北、河南、山东部分区域。路，是北宋的行政区域名，至道三年（公元 997 年），朝廷将全国划分为京东、京西、河北、河东、陕西、淮南、江南等十五路，河北路由此而来。

呼延庆数次拜见完颜阿骨打，试图挽回局面。六个月后，完颜阿骨打与完颜宗翰等人商议，决定让呼延庆回国。

临行之前，完颜阿骨打对呼延庆发了一通牢骚，主要表达了三层意思：

首先，跨海交好非他本意。金朝已经攻占辽国多地，其他州郡也指日可待，之所以派遣使者回访，是想与宋朝和睦相处。辽国册封他为东怀皇帝，他认为辽国礼仪不周到，况且已经与宋朝修好，所以没有接受，没想到宋朝却来羞辱他。

其次，宋使不带国书而用诏书，这种下命令的姿态不合适；就算使者突然去世，也应再择人选，而不是只派呼延庆等人前来，既不符合礼节，也缺乏诚意。不过，考虑到这是大宋朝廷的过错，与呼延庆等人无关，就不再扣留使者。

最后，如果宋朝还想与金结交，就早日递交国书，如果继续下诏书，他绝不会答应。

宣和二年（公元 1120 年）正月，呼延庆回到京城，向朝廷详细转述了完颜阿骨打的话，并递交大金国书。宋徽宗一手拿着大金国书，一手拿着天祚帝画像，又改了主意。

这画像出自画学正[①]陈尧臣之手。陈尧臣不仅擅长丹青，还精通相面，宋徽宗派他出使辽国，画下天祚帝的样貌。陈尧臣回来一番品评："这个辽国皇帝，光看面相就不像人主。要是从相术角度来说，他们亡国就是一朝一夕的事儿，希望皇上速速派兵。现在时机已经成熟。"陈尧臣还献上辽国的山川险要地图，这样一来，宋徽宗就更高兴了。联金灭辽、收复燕云十六州的大计，就这样定下了。当然，具体事宜还是交给童贯去办。

随后，在童贯的安排之下，赵良嗣、马政等人携带宋徽宗的亲笔信，再次前往金朝，以购买马匹为幌子，商议夹击辽国之谋。

一波三折之后，"联金灭辽"之事总算走上正轨。

---

① 画学正，技术官名，隶属于翰林图画院，负责宫廷修造绘画及御前绘画。

然而，无论是抒发情绪，还是谈判手段，完颜阿骨打有一点说得没错：在女真族的攻势之下，辽国已是强弩之末。所谓“联金灭辽”，更像是宋徽宗的一厢情愿。

那么，大金还会真心与宋朝合作吗？

这就要看宋徽宗的“诚意”了。

赵良嗣来到大金，完颜阿骨打邀请他观战：“你可以看看我是如何用兵的，再决定是去是留。”

从发起进攻到占领辽国上京①，金军只用了半天时间。赵良嗣不敢不服，随众人一起，称完颜阿骨打为万岁。完颜阿骨打用行动证明了：灭辽之事，用不着宋朝帮忙。

赵良嗣在大金待了快两个月，才拿出宋徽宗的亲笔书信。信中除了商议夹击辽国之策，还有这样一句话：“燕京和它管辖的州城，原本就属于中原王朝，如果能答应恢复我们往日的疆域，我们愿意将此前给契丹的银绢转交给你们。”

宋徽宗并不清楚，北方的行政划分早已演变多次，他只提到燕京②与其管辖地域，这与燕云十六州的旧地出入很大。赵良嗣只好硬着头皮与金朝谈判，试图尽量扩大归还的土地范围。最后，双方各退一步：燕京归还宋朝，西京、平州、营州、滦州等其他地区，待战事结束后另行商议。

不过，完颜阿骨打还有两个条件：

一、宋每年需向金提供岁币，银、绢共五十万；

二、双方共同出兵，金军进攻辽都西京，宋军进攻辽都燕京。

赵良嗣携金朝使臣返宋不久，宋徽宗拟下国书，令马政等人随同金朝使者，

① 辽国都城有五京，分别是上京临潢府、中京大定府、东京辽阳府、南京析津府、西京大同府。临潢府、大定府在今内蒙古境内，辽阳府在今辽宁省境内，析津府位于今北京西南地区，大同府主要在今山西省大同市及周边。

② 此处的燕京，即辽国的南京析津府，为避免与后文及现代的“南京”混淆，本书一律称“燕京”。

再次出使金朝。这回宋徽宗行动迅速，从接见金使到送他们回去，前后不超过半个月时间。

国书之中，宋徽宗答应交纳岁币与出兵征战的请求，并强调双方都应当拒绝与辽国议和。这次，关于战后归还土地的范围，宋徽宗列了一份详细清单。金朝内部分歧很大，并未形成统一意见。

完颜阿骨打干脆出门打猎，让其他大臣轮流宴请马政。敷衍了十多天，完颜阿骨打最后终于想好了怎么措辞，他在回复宋徽宗的国书中说，上次赵良嗣回去时，答应把燕京东路的州镇还给宋朝，这些已经写在国书里，希望宋朝按照约定，出兵一道夹击辽国；如果现在宋朝还想要西京，就请自己想办法夺取吧。

自“联金灭辽”初议之时起，北宋朝堂之上就争论不休。以太宰郑居中为首的反对派，认为此举风险太大，贸然毁约会招致天怒人怨，况且此战胜负难料，即便取胜也是劳民伤财。支持派却坚信，这是改善国内处境的大好时机，趁机夺回燕云十六州更是千古壮举。

宋、金两国的这些争论，最终都不了了之，关于归还领土的范围也未确定。不过，至少“联金灭辽”策略总算取得阶段性进展。宋、金双方的这一约定，史称“海上之盟”①。

然而，宋徽宗若因此坚信能够与辽国对抗，就有些自欺欺人了。天祚帝即位后，辽国实力的确每况愈下，而宋朝也是五十步笑百步。

在中国历史上，宋徽宗是一名书画大家，“瘦金体”便是由他创造，可要是论起帝王的本职工作，他也没比天祚帝好到哪里去。宋徽宗沉迷于声色犬马、荒淫糜烂的生活，其统治饱受诟病，尤其在用人之道上，可谓昏聩至极，蔡京、童贯、王黼、梁师成、朱勔和李彦，史称“六贼”，皆发迹于宋徽宗在位时期。

蔡京借推行“新法”、改革朝政之名，大肆盘剥百姓，在朝堂之中又结党

① 关于“海上之盟”是否正式达成，史学界的观点并不统一。从最终结果上来看，这一盟约确实起到了作用，但过程不是完全按照盟约而进行的。

营私、排除异己；童贯手握兵权，数次虚报军功，耗费国力；王黼横征暴敛，卖官鬻爵，为讨好宋徽宗强征民女；梁师成伪造圣旨、干预朝政，甚至操控科举；朱勔为宋徽宗搜集奇珍异宝，网罗花石纲[①]，劳民伤财，百姓怨声载道；李彦以清查地产之由强占民田，又苛征暴敛，民愤四起。

这“六贼”势力之大，可谓遮天蔽日，他们之间互有勾结，形成一个严密的利益集团；他们又明争暗斗，以致朝廷乌烟瘴气，百姓苦不堪言。

尽管宋徽宗即位之前，北宋已经发生过多次农民起义，比如山东王伦起义、湖南瑶民起义等，但都未掀起太大波澜，很快就被镇压。

宋徽宗即位之后，民间相继爆发起义，其中南方、北方各有一次著名的起义，我们现在仍然耳熟能详。

宣和元年（公元 1119 年），宋江于梁山泊振臂高呼，招募义军对抗朝廷。不过，宋江起义的规模和影响并不大，它带给朝廷和宋徽宗的压迫感，远远不如方腊起义那般强烈。

宣和二年（公元 1120 年）十月，方腊因不满朝廷征收花石纲而造成的沉重负担，以诛杀朱勔为由，在两浙地区发动农民起义。起义军迅速壮大，从百余人发展至数万人，相继攻占青溪、睦州、歙州、杭州等地。方腊在举兵的第二个月就建立了农民政权，年号“永乐”，与北宋朝廷相峙而立。

宋徽宗大为震惊，令童贯等人统领十五万大军，南下镇压起义。这与金朝要求宋朝出兵进攻辽国的时间，刚好撞在一起。

本来按照约定，宋徽宗计划即刻起兵配合完颜阿骨打。他也的确付诸行动，从西京调集经验丰富的老将到东京集合，又调整了军队布防。可如今这些将士都被童贯带去南方作战了，怎么办？

偏偏就在宣和三年（公元 1121 年）二月，完颜阿骨打又派来使者。宋朝的

① 宋徽宗热衷奇花异石，并且大兴土木，因此在苏州设立应奉局，由苏州富商朱勔主持，在两浙地区大肆搜刮，甚至拆墙毁屋，令百姓苦不堪言。所得花、石征用运粮船运送，进贡京城，每十艘船为一“纲”，故此得名花石纲。

计划是拖延时间：让登州知州把金朝使者留在当地驿馆，理由是负责两国谈判事务的童贯尚未返回京城。金朝使者被拖了两三个月，愤怒难当，几次想要徒步去汴京，宋徽宗只好派人将他们接到都城。

金朝使者在汴京住了一个多月，宋徽宗还没想出对策。期间，宋徽宗生出悔意，因为辽国已经得知宋金之间的交易，他担心遭到辽国报复，甚至想过废除“海上之盟”。更何况，方腊起义已足够令他头疼，哪里还有精力开启新战事？ 究竟该怎么办，他朝令夕改，始终拿不定主意，为了安抚人心，他又搬出等童贯回来再说这一套。

这一等，就到了八月底。

宋徽宗采纳奸臣王黼的意见，派遣呼延庆带着一封国书，护送金朝使者回国。在国书中，宋徽宗强调完盟约的意义后，说了一句：“我们等着你们明确告知进攻西京的日期，以便到时候配合夹击。”

不派宋使跟随进金，国书又如此推脱敷衍，宋徽宗的意图再明显不过。当初想方设法要联金，如今又主动放弃结盟，宋徽宗的优柔寡断可见一斑。

不过，这并未影响金朝的作战计划。完颜阿骨打最初就没想过与宋朝合作，如今宋徽宗又这般作为，他自然以为宋朝已经放弃联兵之策。

金军攻入上京之后，已经占领辽国过半的疆土。这年年底，完颜阿骨打发起第二次大规模的伐辽战争，意图一举灭辽。第二年正月十五日，辽国中京陷落，三分之二的疆土落入金朝之手。天祚帝带着五千多名骑兵逃往西京。四月，金军攻克西京，天祚帝又逃往阴山。此后数月，完颜阿骨打率军一路追击天祚帝，顺便攻城略地，所向披靡。

对宋徽宗来说，他也在新年之初收到一条好消息：宣和四年（公元1122年）三月，方腊起义被彻底镇压，宋朝上下总算松了一口气。

一平定方腊起义，宋徽宗就按捺不住了，故态复萌，花石纲进贡照旧，搜刮百姓照旧，那么联金灭辽还要不要照旧呢？

然而此时出兵，既有违“澶渊之盟”，又未遵“海上之盟”，宋徽宗陷入进退两难的境地。

这时，王黼站出来说：“我们虽然与辽国是兄弟之邦，可这一百多年来，他们数次为开疆拓土而犯我边境。况且，兼并弱小城邦、攻打落后之国，本就是军事上策。现在不趁机夺取燕云十六州，日后女真族必然强大，中原故土只怕再难收复了。”

眼看着辽军节节败退，宋徽宗终于下定决心：举兵攻辽。

没错，辽国已日薄西山，可宋朝也早就过了如日中天的时候。道义且放一旁不论，宋军真的能与辽军一战吗？

# “联金灭辽”是自掘坟墓吗

宣和四年（公元 1122 年）四月，金军攻下西京，差不多同一时期，童贯率领的宋军行至边境。都统制[①]种师道认为，趁火打劫邻国不太合适。这种意见，童贯怎么可能听得进去，联金灭辽从一开始就是他和蔡京的主意。

五月，童贯兵分两路，分别向白沟和范村进军。彼时天祚帝逃亡在外，耶律淳已于燕京自立为帝，后世称其政权为“北辽”。

面对辽军的迎击，童贯采取了错误的军事策略，导致两路宋军都吃了败仗。北辽使者前来传信说，女真族背叛辽国，宋朝也做这种恶事，只图眼前利益而罔顾百年友好，必然会为将来埋下祸患；邻国有难，救援体恤才是正道，希望宋朝慎重考虑。

号称两百万雄兵[②]的宋朝大军，首战以失败告终。童贯执迷不悟，不仅驳

① 都统制，一种战时的临时任命。由于宣和年间，西、南地区作战，大将有时多达三四人，军令不能完全一致，因此选择其中一人担任“都统制”来统辖将领。这是一种临时的任命，战事结束，任职也就结束，各人职位、等级恢复如初。

② 此次北宋攻辽的兵力，实际并未达到两百万，大约只有十五万，号称“两百万”多是震慑之用。

回种师道的议和建议，而且弹劾他暗中助敌，以致种师道被贬官、致仕。

回顾整个过程，眼下这泥潭，完全是宋徽宗一步一个脚印走进来的。

倘若女真族刚刚崛起时，宋朝伸出援手，宋辽之间的和平尚有持续的可能。

谋划“联金灭辽”后，宋徽宗却摇摆不定，既显得没有诚意，又屡次错失良机，以至于宋朝逐渐陷入被动局面。

辽国岌岌可危之际，宋徽宗试图趁机捡漏，可他任用的童贯又频频做出荒诞的判断和决策，不仅没占到便宜，还丢失了道义。

说到这里，不得不提一下北宋的军事状况。北宋建立初期，宋太祖“杯酒释兵权”，大力推广文治，但尚未完全放松军备；宋太宗伐辽失败，军事力量大损，将重心彻底转向内政，并废除更戍法；到了宋真宗签订“澶渊之盟”后，更加轻视军事，以至于北宋出现“满朝朱紫贵，尽是读书人”的现象。宋徽宗依赖童贯统军，可见彼时将才匮乏到何等地步。

眼下这骑虎难下的困局，要如何破？宋徽宗只能走一步看一步。

六月，宋徽宗听闻宋军战败，害怕至极，急忙令大军班师回朝。同月，耶律淳病逝，北辽内部一片混乱。

宋军撤退，金军却愈战愈勇，宰相王黼坐不住了。

有燕人越过边境逃至宋境，称契丹意图归附宋朝；朝中亦有人上奏，谏言不应违背与辽国的盟约。宋徽宗再一次陷入摇摆状态。王黼想要建功，便极力主战。宋徽宗答应了，命童贯、蔡攸统兵，任刘延庆为都统制，再次整顿大军，准备伐辽。

大军尚未开拔，一则谣言传到完颜阿骨打耳朵里。即便他在八月初差点活捉天祚帝，战功赫赫，但是听到童贯曾率领两百万兵马奔赴燕京，还是让他不敢小觑。

完颜阿骨打担心破坏了“海上之盟”，也担心宋朝攻取燕京后不再交纳岁币，于是派遣使者高庆裔等人，入宋了解情况。如此一来，宋金之间中断的联系又重新建立起来了。

从“海上之盟”的内容来看，宋朝确实违约在先，不仅未能按约定日期发兵，甚至试图趁火打劫，只不过偷鸡不成蚀把米。

面对金使高庆裔的试探，赵良嗣回复道：“我们皇帝听说，贵国今年正月攻克中京，又率军至松亭关、古北口，准备攻取西京。虽然我们没有得到贵国报告起兵的日期，但知晓贵国大军已经出发，这才命令童贯统领军队，以响应贵国夹攻契丹的意图。双方没有相互通报，这事不必计较了。”

大约十天以后，宋徽宗令赵良嗣、马扩[①]携带国书，随高庆裔等人前往金朝。这封国书的意思大致是：如果宋军乘胜攻入燕京，就不需要大金的军队前来；如果没有，还请大金军队进攻燕京北部，宋军进攻燕京南部，共同夹击燕京。

彼时，北辽政权已摇摇欲坠，易州知州高凤、涿州留守郭药师相继向宋朝投降。北辽皇太后萧普贤女，听说常胜军[②]投降后畏惧不已，便派出使者韩昉等人，奏表向宋称臣，试图修复两国关系。

辽使说：“女真正在逐步吞并各国，如果大辽不复存在，他们必定威胁到宋朝。唇亡齿寒，你们不可不做打算啊。”

童贯、蔡攸对此嗤之以鼻，将他们驱逐出去。韩昉在庭院中喊道：“宋辽交好已有百年，盟誓文书还在，就算你们能欺瞒朝廷，难道还能欺瞒上天吗？”

公元1005年，宋辽签订“澶渊之盟”时，宋朝的誓词中有这么一句话：“有渝此盟，不克享国；昭昭天鉴，共当殛之。”这句话的意思是，如果违背此盟约，不仅会亡国，还要遭天谴。

韩昉说得没错，只不过百余年前的盟誓之词，如今还有谁当真呢？那些反对伐辽、与之修好的意见，早已被宋徽宗抛诸脑后，化作历史的尘埃。

---

① 马扩，马政之子。

② 女真族崛起后，于辽国境内不断发起战争，辽军惨败，死伤无数。天祚帝为应对女真族进攻，招募大量饥民组成“怨军”。耶律淳即位后，将“怨军”改名为“常胜军”。郭药师投降时，便是常胜军首领。

如果宋朝接受北辽的和好请求，历史是否会走向另一个结局，我们不得而知，可错过这一次机会之后，就没有挽回的余地了。

这件事，童贯没有上报朝廷。十月，童贯令刘延庆领兵十万，以郭药师为向导，从雄州出发，计划渡过两国界河白沟河之后，直奔北辽燕京。

宋军纪律松散，郭药师建议刘延庆防范敌袭，刘延庆不听，果然遭遇辽军攻击。郭药师又请命率军奇袭燕京，让刘延庆之子刘光世带兵支援。刘延庆答应了。郭药师等三名大将，带着六千士兵，虽然攻入了燕京城，却没有等到刘光世的援军，只得战败逃走。

主力部队更是人仰马翻：主帅刘延庆懦弱无能，扎营不久，粮道就被辽军切断，护粮将领被抓；随后，辽军虚张声势，吓得刘延庆烧毁军营，不顾一切逃命。宋军互相踩踏，逃亡途中死伤无数，尸体绵延一百余里。

伐辽大军被迫退守雄州。镇压宋江、方腊起义，又经此一役，自宋神宗熙宁年间以来，积攒数十年的军需储备几乎消耗殆尽。

打也打不赢，求和又不愿，怎么办？宋徽宗的所有希望只能寄托于金朝了。

赵良嗣渡海后，就盟约中的归还土地范围，又一次与金朝展开激烈的辩论，双方意见不合，始终没有达成共识。这时，金朝又得知刘延庆吃了败仗，更加不把宋朝放在眼里。金朝将马扩扣留，派遣使者与赵良嗣一同前往宋朝，再次协商。

就在他们扯皮之际，宋军连连溃退。上一次战败，童贯将责任推到种师道等人身上。这一次，宋徽宗早就在童贯军队中安插了内侍，得知前线战况后，亲手给童贯写了一封诏书：“从今往后，我都不会再信任你。”

童贯大为惶恐，秘密派遣使者入金，请求金朝发兵进攻燕京。

于是，完颜阿骨打亲自率军向辽国发起进攻，并且带上了马扩。金军所向披靡，很快就攻破了燕京。至此，辽国五京皆为金朝所占。完颜阿骨打让马扩回国，向宋徽宗报捷。

这一次，坐在谈判桌上的宋金双方，各自的需求和筹码都已经发生变化。

对金朝来说，他们几乎凭一己之力，攻下辽国五京，燕云十六州自然也成为金朝领土；他们想要宋朝每年交纳五十万岁币，但只愿割让燕云十六州的部分土地，不及宋朝期望的一半。

对宋朝来说，当初主动寻求盟约，可中途数次动摇、违约；靠自身实力无法取胜，最终又向金朝求援；按照盟约，宋朝在出兵之事上贡献微薄，甚至有违约之举；愿意以财富换取土地，但想要完整的燕云十六州。

怎么看，宋朝都是更为被动的一方。

马植自从改名赵良嗣以来，几乎将所有精力都耗费在宋金外交上。这年十二月，赵良嗣再次背负宋朝使命，踏上前往金朝的路程，却仍然没有得到宋徽宗想要的结果：金朝不同意归还营州、平州、滦州，且要收取燕京赋税。

也是在这一年，耗时五年的皇家园林万岁山终于落成，宋徽宗亲笔撰写《艮岳记》，来描绘它的壮丽与奢华。为了庆祝即将“收复”燕京，他专门给园林中的一块奇石赐名，叫作“昭功庆成神运石”——即便燕京是被金朝攻下的，宋朝只是以屈辱的方式赎回。宋徽宗由衷地认为，距离他梦寐以求的流芳百世，就差那最重要的一块拼图了。

于是，宋徽宗选择了妥协。

宣和五年（公元 1123 年），宋金两国又经过多次磋商，宋徽宗答应每年以五十万岁币，外加一百万贯税赋为代价，赎回燕京以及涿、易、檀、顺、景、蓟六州。

金朝内部有大臣并不愿意将以上诸州全都归还宋朝，想扣下涿、易两州，完颜阿骨打说：“海上之盟不可遗忘，至于以后的事，你们看着办吧。”

终于到了四月，金朝将原辽国的燕京交割给宋朝。

金军自去年十二月攻下燕京以来，屯驻此地将近半年。这么长时间里，金军搜刮财富、劫掠男女，无止无休，城中官吏、百姓大举迁徙。涿、易、檀、顺、景、蓟六州之民也不堪侵扰，纷纷躲到山中避难，很多房屋废弃，成为野生动物的住所。

宋朝花费巨资，最终换来一座座空城。

不过，收复旧地总归是一件“伟绩”，还是北宋建国以来百余年间都没有完成的“壮举”。宋徽宗很高兴，为王黼、童贯、蔡攸、赵良嗣等人封官加爵，命人在延寿寺树立“复燕云碑”，为他歌功颂德。

如果事情到此为止，宋金能够遵守盟约，像宋辽履行“澶渊之盟”一样，那么，北宋迎来新一轮的休养生息也不是没有可能。

然而，“海上之盟”终究是一个妥协的结果，金朝本不愿割地，宋朝又贪求更多，双方虽然暂时达成一致，却都只当作权宜之计。毫不夸张地说，任何一点风吹草动，都可能会点燃一场大火。

然而谁也没想到，放火者会来得如此之快。

五月，平州①留守张觉②萌生反叛金朝的念头。张觉本是辽国将领，平州陷落后，又被完颜阿骨打任用，可张觉的内心并未臣服于金朝。

平州作为华北平原的门户，战略意义非同一般。宋徽宗得知后，给大臣詹度写信，希望通过安抚、劝导，拉拢张觉。宋徽宗这样做，既是想要收复平州，也为防止边境生乱。

六月初，张觉向宋朝宣抚司递上奏表，献城投降。王黼劝宋徽宗纳降，而自始至终致力于维护宋金两国关系的赵良嗣，自然持反对意见。赵良嗣说：“国家刚与金朝结盟，这样做必然会失去他们的信任，只怕到时候后悔莫及。”

宋徽宗不悦，将赵良嗣贬官，接受了张觉的投降。不久，金朝听闻张觉叛变，即刻起兵前来讨伐。

宋金正式结盟不过数月，两国便起冲突。大辽即将亡国，宋朝又要面临大金铁蹄，而女真之凶悍完全不逊于契丹。

金盛宋衰，边境又大门敞开，难道北宋在百余年前立下的毒誓，真要应验了吗？

---

① 金朝占领平州后，改平州为南京，为便于阅读，本文仍称平州。

② 史书上另外的说法是张瑴、张珏。

# 第十章　靖康，不只是一个年号

# 金兵侵宋的底气来自哪里

宣和五年（公元 1123 年）六月，张觉降宋，献出平州，宋徽宗欣然接受。

然而，张觉的降宋之举，实为手段，而非目的。他不满金朝统治，期待迎回天祚帝，于是杀害归降金朝的辽国旧臣，早晚祭拜天祚帝的画像，仍然使用天祚帝的年号。之所以降宋，张觉有他的计划：献出平州，将宋朝作为对抗金朝的挡箭牌，再图谋之后的事情。

八月，金太祖完颜阿骨打去世，其弟完颜晟于次月继位，即金太宗。某种程度上而言，完颜阿骨打的去世，增加了金朝侵犯宋朝的可能性。毕竟，当初归还宋朝燕京等地时，金朝内部反对声此起彼伏，是完颜阿骨打坚持履行承诺，才勉强维持“海上之盟”。

如今，宋朝接受张觉叛变，背叛盟约，金朝自然怒火中烧。

金朝发兵讨伐张觉，但因兵力过少，只有骑兵两千人，便没有真正进攻。他们在营州城门上写下“夏热，且去秋凉复来”几个大字后，就撤退了。张觉邀功，向宣抚司谎称取得大捷，获得大量奖赏。

此后，张觉与金军又交战数次，互有胜败。直到冬天来临，金朝名将完颜宗望奉命率军奔赴平州，这场讨伐叛变的战事才进入尾声。

十月，宋朝将平州改置为泰宁军，任张觉为节度使，并允许他的子孙世袭平州官位。次月，朝廷的任命送达，张觉喜出望外，率领官员前往郊区迎接。

金军得知这一情报后，派骑兵突袭平州，一举攻克。张觉的妻子和母亲被杀，弟弟被抓，宋朝颁给张觉的诏书，还有宋徽宗的亲笔信，也被金军缴获。张觉本人则逃至燕山府①，被郭药师收留，藏匿于常胜军中。

金人大怒，多次向宋朝宣抚司传发檄文，索要张觉。宣抚司上奏朝廷，朝廷起初没有答应，奈何金朝逼得紧，燕山府知府王安中就找来一个与张觉相似之人，取其首级交给金人。金人识破此计，决定进攻燕山府。宋朝只好令王安中勒死张觉，取下他的首级，再搭上他两个儿子，交给金人，此事才得以暂时平息。

为什么说暂时呢？因为平州之变的影响，远不止于此。只不过，眼下金朝的重心仍然在辽国。

在金军的追击之下，天祚帝一路逃亡，辽国的残余势力试图复国，继续与金军周旋。宣和七年（公元 1125 年）二月，天祚帝被俘，辽国正式灭亡。

在此期间，金朝继续与宋朝保持外交上的联络，以降低宋朝的警惕。灭辽之后，金朝彻底撕破伪装。完颜宗望一直在收集宋朝情报，伺机而动。对此，宋朝边境的将领也有所察觉，暗中加强边防、操练军队。明面上，宋金两国仍然将履行盟约挂在嘴边，真实的氛围却早已剑拔弩张。

这年八月，完颜宗望向金太宗进言："宋朝不肯将叛逃的人丁归还给我们，而且听说他们正在燕山整顿军队，如果不抢先下手，恐怕会留下后患。"金太宗下令，在全国挑选擅长箭术的强壮士兵，为南下攻宋做准备。

为了打探宋朝军情，九月，金朝以俘获天祚帝为名，派使者去宋朝报捷，同时继续麻痹宋朝。当时，宋徽宗接到前方奏报，称金朝大将完颜宗翰已抵达

---

① 据《宋史·地理志》记载，宣和四年，北宋在收回燕京的前一年，就将其改置为燕山府，下辖清化县、宛平县等十二个县。随后，任命郭药师为燕山府守将，统领常胜军驻守于此。

云中[1]，正在谋划攻打宋朝。又有人奏报，金朝派来使者，希望与宋朝商议交割云中地区的事宜。这是两条明显矛盾的情报，宋徽宗却对后一条坚信不疑，任命童贯为宣抚使，即刻出发。

十月，宋朝还在忙着招待金朝使者，金太宗却在部署攻宋计划了：

一、任命完颜宗翰率领西路军，从西京攻打太原；

二、任命完颜宗望为南京路都统，率领东路军，从平州攻打燕山。

金朝攻宋的主要理由，便是两年前宋朝背信弃义，收留金朝叛将张觉。

对此，宋徽宗一无所知，继续派遣使者回访金朝。但臣民之中，还是有少数清醒的人。

早在六月，马扩就报告童贯和蔡攸，称完颜宗翰在边境整修，建议调集陕西军队前来屯驻，以防生变。马扩一直没有等到回复。十月、十一月期间，中山府又频繁报信，称金朝大军不断集结各地，意欲侵犯边境，但仍未引起宋朝的足够重视。

童贯仍然对金朝抱有幻想。十一月，童贯抵达太原后，派遣马扩等人前往云中，与完颜宗翰商议土地交割事宜，同时打探金人是否有侵宋意图。

完颜宗翰痛批马扩，谴责宋朝接纳叛臣张觉；至于割地之事，完颜宗翰直言绝无可能。第二天，金人为宋使准备了丰盛的食物，并不怀好意地笑着对他们说："此次招待使者，就到此为止。"

马扩回来后，将事情经过详细禀告童贯。童贯嘴上骂骂咧咧，心中却想着逃回京师。

几乎同时，完颜宗望率军从平州奔向燕山府。

金军进攻清化县时，焚烧房屋、掳掠居民，燕山府向朝廷急报军情。朝中大臣担心影响不久后的祭天仪式，因此并未认真商议对策，将消息压住不报，

---

① 云中，主要指以云州（燕云十六州之一）为中心的区域，也就是辽国西京地区，覆盖今山西大同及周边。"海上之盟"谈判时，金朝曾说西京由宋朝自行攻取，但宋朝无力出兵，云中实际仍然由金朝控制。

只让边将自行处理。

十二月，完颜宗望相继攻陷檀州、蓟州。燕云十六州中的檀州、蓟州，宋朝自从收复到再度失去，相隔不过两年多。

金朝发兵已经两个月，城池也打下数座，按理说，宋朝此时早该进入应战状态，再不济，也该对金朝宣战了。可让人大跌眼镜的是，宋徽宗仍然派遣吏部员外郎傅察，前去迎接金朝恭贺新年的使者。有人劝说傅察别去，傅察不想辜负君命，毅然前往，不料遇到完颜宗望，惨遭杀害。

不久，金朝使者萨里穆尔等人在太原见到童贯。他们指责宋朝接纳张觉，态度极为傲慢，童贯却仍以厚礼相待。

萨里穆尔告诉童贯，金朝大军已经出发，国相和太子分别带领大军从东西两路进攻，不用杀一人，只需发布檄文就占领了各地。

马扩反驳他，金朝借助宋朝力量消灭契丹，如今对宋朝举兵相向，已是违背盟约；况且宋朝积累深厚，只要稍加整顿，就不会被轻易击溃。

对此，萨里穆尔不屑一顾，建议童贯割让河东、河北两路地区给金朝，宋金隔黄河而治，“保留宋朝的宗庙社稷，这才是至诚报国”。

童贯不知所措，打算回京禀告宋徽宗。

太原知府[①]张孝纯劝说童贯，当务之急是召集各路将士，竭力抵抗金军，加上太原地势险要，金军难破；如果童贯此时离开，军心一定动摇，等于将河东拱手让人，进而将导致河北危急！

“我受命为宣抚使，不是来守城的，一定要我留下的话，那还要帅臣做什么！”童贯说。几天后，他匆忙逃回京师。

“童太师平时威风凛凛，大事临头却畏缩不前、抱头鼠窜，还有什么脸面见天子！”张孝纯感叹道。

很快，完颜宗望的大军便来到燕山附近，郭药师等人领命，率四万余兵马

① 关于宋朝一府的长官职位，官方正式说法为“知某某府”，例如“知太原府”，本书采用较为通俗的说法。

迎战，大败而归。

完颜宗望乘胜追击，郭药师献城投降，燕山府及其管辖的州县尽数落入金人之手。在郭药师的协助下，金军长驱直入，剑指汴京。

其实这个局面，早在宋朝交出降将张觉的首级时，就已有征兆。当时，同样作为降将的郭药师，感慨良多而泪流不止。他说："金人要张觉，就给了他们；如果他们要药师呢，也给吗？"此后，郭药师多次被告发怀有异心，并与金朝通信，常胜军的纪律也饱受诟病，可朝廷要么不予理会，要么不了了之。童贯前来试探，也被郭药师骗过。

另一路，完颜宗翰的军队也所向披靡，虽然遭到一定程度的抵抗，但仍接连攻下朔州、武州、代州、忻州等地，直逼太原。令人唏嘘的是，朔州、代州的守将忠诚、勇猛，无奈城中军队开门投降；武州城内亦有士兵成为金人内应，忻州守将则直接献城于金。

金朝从发兵到大军兵临都城，仅仅用了两个月时间，如此战局究竟是如何形成的？

从战略上来看，金朝履行"海上之盟"的部分承诺，不过是权宜之计，他们侵犯宋朝的野心早已燃起，谋略布局更为主动；宋朝沉浸于收复旧地的"成就"之中，且一直试图以外交的方式拿回更多土地，不仅没有想过动用武力，甚至还对金朝怀有期待。

从战术上来看，金朝侵宋的谋略详密、周到，他们分兵南下，同时继续与宋朝保持外交联络，以致宋朝放松警惕；反之，宋朝在军事上疏于防范，应对战争几乎毫无准备，更无战术可言。

从实力上来看，金朝兵强马壮，纪律严明，诸多大将久经沙场，且战意满满；宋朝本已衰退，军政在奸臣童贯、高俅的把持下，腐败糜烂，不堪一击，又在镇压宋江起义、方腊起义中损耗严重，加上伐辽失败，军力疲软、物资受限，童贯怯懦畏战，欺下瞒上，而宋徽宗又昏聩无能，即便边将英勇也无济于事。

从时机上来看，金朝灭辽不久，势头正盛，恰好平州之变又送来出兵理由；宋朝收复燕京之地后，疏于管理，军队、官吏不作为，归顺的郭药师以及多州将士对朝廷颇为失望，民心不齐，亦是宋军溃败如山倒的重要因素。

童贯回京后，金朝又派来使者，大臣都不敢接待，宋徽宗只好命令蔡攸等人与之会面。

金使入座后，大声说道："我朝皇帝已经命国相和太子讨伐罪国、安抚百姓，大军将分两路进入。"

蔡攸吓得面色惨白，小心问道："怎样可以放缓进军呢？"

金使答道："不过割地称臣罢了。"

大臣们不敢回答，厚待金使后将他们送走。

宣和七年（公元 1125 年）十二月，前线连向朝廷发出三道奏疏，称金兵分路南下，攻城略池如履平地。

宋徽宗大惊失色，而他的应对之策更是令人匪夷所思。

# 犬父无虎子

宣和七年（公元 1125 年）十二月，宋徽宗得知前线战况后，封太子赵桓为开封牧[①]。赵桓入朝时，宋徽宗又赐他排方玉带。

排方玉带非臣子佩戴之物，宋徽宗的意图已经再明显不过：他不想当亡国之君，却又无力挽救江山，那么，这份屈辱就让儿子来承受吧。

金兵进攻神速，按路程算，十天之内就要打到开封府郊外了。宋徽宗在十余天里进行了一系列操作，都在为撂担子做好铺垫。他忙不迭地下旨，要“巡幸淮、浙”，实际就是让太子当挡箭牌，守卫开封府，自己则往东边逃命去。

只可惜，到了这个时候，即便他是皇帝，也不能为所欲为了。有大臣以死劝谏宋徽宗不要巡幸，也有大臣劝说他颁布罪己诏。于是，宋徽宗让宇文虚中草拟诏书，检讨自己在位期间的过失：

闭塞言路，纵容谄媚，任由奸佞贪权；

① 即开封府牧，从三品，北宋汴京开封府的象征性最高长官，沿袭自唐朝的京兆府牧。这一官职不常设置，在北宋时期仅宋徽宗任命赵桓这一例，且赵桓在任仅仅三天而已。开封府实际的常设长官为权知开封府事。

贤臣遭党争迫害，政事因循苟且；

赋税榨干民财，戍役耗尽军力；

无益之举过多，奢靡之风盛行；

财源已被垄断，搜刮却无休止：

天灾频现而不察，民怨沸腾而不知；

……

紧接着，宋徽宗又颁布诸多新措施：

广纳直言，下令各地率军勤王；

招募奇才，遣使敌国与之斡旋；

废除苛政，归还被强占的民田；

整理财政，削减宫廷、百官支出；

削减开支，暂停赐予道观田产；

革新行政，裁撤冗余机构、场所；

……

这些内容听上去十分漂亮，但全都是亡羊补牢之举。大臣们早就在府里私下讨论过，如果宋徽宗非要离开京城的话，那么稳定人心的办法只有一个。大臣李纲说："敌人攻势猖狂，陛下非得传位给太子不可，否则不能够招徕天下豪杰杀贼御敌。"李纲得到其他大臣支持，便写血书公开请求宋徽宗禅位。

宋徽宗急火攻心，对蔡攸说："我平日性格刚强，没想到金人胆敢如此！"宋徽宗抓住蔡攸的手，话音刚落，气塞昏迷过去，从御床上跌落下来。侍从急忙将他扶至宣和殿东阁，灌汤喂药。

宋徽宗苏醒后，索来纸笔，写道："皇太子可即皇帝位……"

随后，宋徽宗派人出使金朝，告知金朝他即将禅让，并且请求和谈。

十二月二十三日，太子赵桓即位，后世称之为宋钦宗。第二天，百官入朝拜贺。宋徽宗以为，这个“锅”算是彻底甩出去了。同日，金军进攻庆源府[①]。

无论是为了找台阶，还是走过场，宋徽宗的“罪己诏”倒是说出不少实话。史家多认为他有艺术天分，但无治世之能，以至于玩物丧志，置国家于危难。如今，金兵入侵，正值壮年的宋徽宗，不但未能知耻而后勇，反而弃天下于不顾，将败局扔给后代，实在令人汗颜。

很快正月来临，宋钦宗启用了新年号：靖康。

众所周知，靖康是中国历史上最为著名也最为耻辱的年号。在作家金庸的武侠作品《射雕英雄传》中，两名男主角郭靖和杨康的名字，便是由“靖康”而来，意在铭记家仇国恨。靖康这一年号，仅仅存在一年多，期间到底发生了什么，以至于它遗臭万年？

这一切，都绕不开那对优柔寡断的父子。

赵佶退位时才四十岁出头，如果不是金兵南下，赵桓不知何年才能继位。宋徽宗耗费二十余年，将较为稳定、繁荣的北宋带进阴沟，临危受命的宋钦宗又是一个怎样的人？

担任太子时，宋钦宗不像他父亲那般沉迷于个人爱好，不仅未有失德之举，还勤于读书、生活俭朴，声望还不错。继位之后，宋钦宗又干了三件重要的事情。

第一，重用李纲。

李纲年少时怀有大志，饱读诗书，随父出征时表现英勇。为官之后，李纲敢于直言、陈述时弊，遭蔡京等人报复，屡次被贬官。宋金战争伊始，李纲也曾上疏宋徽宗，提出十条具体措施，同时希望宋徽宗让位于太子。

宋钦宗登基后，李纲上奏章劝说皇帝顺应天意民心、攘外安内。得宋钦宗召见后，李纲又详细阐述他对当下局势的见解、建议，被封为兵部侍郎。

第二，惩处奸臣。

---

① 庆源府，隶属于河北西路，原为赵州，位于今河北省中南部，是北方重要的农业生产区，并且连接华北平原与太行山，战略位置十分重要。

尽管宋徽宗在“罪己诏”中坦言自己用人不善，却没有采取任何矫正措施。宋钦宗刚刚坐上皇位，在大臣和太学生们的施压之下，陆续对祸乱朝纲的“北宋六贼”下手①：

贬蔡京至儋州，途中，蔡京遭百姓拒售食物，饿死于潭州；

将童贯贬官、流放，途中下诏定其十大罪状，命监察御史将他斩首；

削除朱勔官职、放归乡里，后来又将他关押并流放，最后下诏将他处死，抄没家产；

贬王黼为崇信军节度副使、抄没家产，李纲等人建议诛杀王黼，宋钦宗便交由开封尹聂昌处理，聂昌与王黼有宿怨，将其杀害；

贬梁师成为彰化军节度副使，梁师成于途中遭衙役缢杀，其家产被没收；

赐死李彦。

第三，下诏亲征。

靖康元年（公元 1126 年）正月初二，金军攻占汤阴县，向浚州发起进攻。驻守黄河北岸的宦官梁方平弃城而逃，守军仓皇溃散，浚州几乎是不攻自破。南岸的宋兵见到金朝旗帜，慌忙烧断桥缆，虽然导致数千人落水，但也暂时阻挡了金军渡过黄河。

第二天，宋徽宗得知浚州失守，于深夜二更时分出通津门，驾车东逃。而这一天，宋钦宗下诏，他打算御驾亲征。

如果只看这三点，我们很容易会得出一个结论：宋钦宗不像宋徽宗，他是个明君。

真是这样吗？

正月初四，李纲于延和殿值班时，恰好听到宰执大臣们奏事。他们正在商议，护送宋钦宗逃往襄阳、邓州。

李纲大惊。征得宋钦宗同意后，他上殿与众臣展开激烈的辩论。

---

① 宋钦宗登基后，并未立即处置蔡京、童贯、朱勔、王黼、梁师成、李彦，而是在一段时间内不断受到舆论压力后，才陆续对他们做出惩罚。

李纲说："道君皇帝[1]将社稷传给陛下，陛下现在要弃之逃跑，岂合天理？"

宋钦宗无言以对。

太宰白时中说："都城怎么能守得住？"

李纲说："天下城池无过于都城，宗庙社稷、百官万民都在这里，抛弃它后去哪里呢？如果能激励将士、安抚人心，哪有守不住的道理！"

内侍陈良弼说："城防工事仅完成一二，城东樊家冈一带壕沟浅狭，恐怕难以固守。"

李纲便奉宋钦宗之命，前往实地勘察。回来后，李纲称城墙坚固高大，又提出几点防守策略，最后建议宋钦宗整顿兵马备战。

宋钦宗说："谁能担任大将？"

李纲举荐白时中和李邦彦，白时中大怒，反问道："你李纲莫非不能出战？"

李纲说："陛下如果不嫌弃臣怯懦，让臣治军，臣愿以死相报。只是臣职位低微，恐怕难以震慑士卒。"

于是，宋钦宗封李纲为尚书右丞，赐紫袍、玉带及笏板。可白时中等人仍然坚持避战。吃完饭，他们接着辩论。在此期间，宋钦宗一度决定离开京师，李纲拿唐玄宗抛弃长安的例子来刺激宋钦宗，最后宋钦宗口头答应留下，将治兵御敌之事托付给李纲。

第二天一早，李纲入朝，发现禁军披甲执锐，皇帝的车驾摆列整齐，六宫嫔妃也都打包好行李，准备装车出发。

李纲再次去见宋钦宗，陈述逃亡的后果，宋钦宗只好作罢。他驾临大内的正门宣德门，下车慰劳将士，命李纲等人传谕六军，准备抵抗金军。同时，宋钦宗罢免了白时中的太宰之位，以李邦彦代之，任张邦昌为少宰。

要不是李纲，恐怕宋钦宗早已像唐玄宗那样，打着"亲征"的幌子溜之大吉了。不过，宋钦宗虽然留了下来，却暴露出两个致命的问题：

① 即宋徽宗，禅位后，他被尊为教主道君皇帝。

一、被迫答应不再逃跑，态度反复无常，且没有展现出誓死守护江山的决心；

二、重用李邦彦、张邦昌、李棁等怯懦、畏战之人。

这两个问题在当时并不起眼，却对后来的时局走向起到了重要作用。

李纲受命之后，开始在都城四周紧密布防，朝廷也派出使者，督促各路援军速来勤王。没过几天，完颜宗望率军渡过黄河，屯兵汴京西北，距离京城只有十五里。随后，金军攻打宣泽门①。李纲登城死守，与金兵激战至天明，方才退敌。

此时，李邦彦建议宋钦宗主动以割地为代价，与金朝求和。李纲据理力争，但没有说服宋钦宗。

宋钦宗与完颜宗翰各自派出议和使者，金使提出两国隔黄河而治，并索要巨额金帛，宋使没有答应，带着金使前往汴京。

金使说，希望宋朝派遣亲王、宰相这类有分量的人前来军前议和。李纲申请出使，宋钦宗认为他性格刚烈，没有答应，而是派李棁等人前去谈判。

宋钦宗给李棁交的底是：可以增加岁币三五百万两，犒军费用银三五百万两，但不能割地。李棁带着一万两黄金和大量酒果，前往金军营帐。

完颜宗望见到李棁等人后，狮子大开口：

索要黄金五百万两、白银五千万两、牛马一万匹、绸缎一百万匹；

割让太原、中山、河间三镇；

以亲王、宰相作为人质。

果然如李纲所料，李棁大气不敢出，只献上黄金与酒果，回去后将金人的这些要求详细禀报朝廷。

谈判同时，金兵没有停止进攻，意在施压；李纲率军顽强抵抗，屡次退敌。

至于完颜宗望提出的议和条件，宋钦宗与大臣们商议后，是这样应对的：

---

① 宣泽门，位于北宋汴京城外的西汴河之上，是进入都城的重要通道之一。

下诏强征民间金银，百姓若胆敢藏匿、转移财产，一律按军法处置。

如此也只得到二十万两黄金、四百万两白银；

同意割让太原、中山、河间三镇；

康王赵构主动申请充当人质。

李纲听到这些，当场竭力反对，他建议假意与金人斡旋，等到勤王大军汇聚，势必能逼金兵撤退，届时再与其和谈，便能掌握主动权。宋钦宗不听，只叫他专心治军。

就这样，宋朝与金朝一边谈、一边打，金军轮番进攻，李纲等将领奋勇抵抗，双方僵持不下。直到约十天以后，种师道等各地勤王的军队陆续赶到汴京，局势才稍有缓解：金朝得到割让三镇的承诺，以及不菲的财物，又有亲王作为人质[①]，加上宋军日渐集结，于是选择收手。二月初九，完颜宗望撤军，汴京之围解除。

这时，种师道认为机会来了。他请求在金军半渡黄河时，对其发起进攻，宋钦宗没有同意。御史中丞吕好问，也建议尽快做好御敌准备："金人现在志得意满，更加看不起我朝，等到秋冬时节，必定举全国兵力卷土重来啊。"宋钦宗同样不听。

金军撤退三天后，李纲终于说服宋钦宗同意他率军"护送"金军。李纲分兵追击，告诫将士一有机会便发起进攻，士兵们全都摩拳擦掌，不料却被宰相阻挠，加上肃王尚质押于金军中，此事最终不了了之。

不久，李纲遭主和派排挤，被罢去尚书右丞之职[②]，任知枢密院事。种师道也被贬官，解除兵权。

完颜宗望与宋朝谈判之际，西路军将领完颜宗翰听闻后，也派来使者索要财物，被宋朝拒绝。完颜宗翰恼羞成怒，大举进军，但他包围太原后久攻不下，亦逐渐撤军北去。

---

① 人质起初为康王赵构，后换成肃王赵枢。

② 二月初，李纲就被罢过一次官，但宋钦宗迫于舆论压力，很快恢复其尚书右丞等职。

金军终于离开了，宋钦宗自以为汴京之危已解，便于四月将宋徽宗接回都城。这对父子无论如何也想不到，眼前付出巨大代价换来的“安宁”，不过是他们帝王生涯的回光返照。

# 宋钦宗是不能战，还是不敢战

靖康元年（公元 1125 年）四月，就在宋徽宗回京后不久，宋钦宗下了一道诏令：如果有奸人妄言金兵会再次来犯，以此恐吓百姓，将给予举报者赏赐。

尽管金兵陆续撤退，宋金边境的战乱却并未休止，百姓依旧惶恐不安。然而，朝堂之上一片坦然，李纲提出御敌之策，但宋钦宗并不理会。李纲遭权臣排挤，丢了尚书右丞之位后，又被宋钦宗任命为宣抚使派往太原，名为去支援边境，实则被驱出京师。

宋钦宗当真相信金朝会信守诺言吗？未必。

边境，尤其是太原等地，金兵屡屡进犯；宋朝答应金朝的三个条件中，三镇割让之事一波三折，宋钦宗摇摆不定，派遣王云出使金朝，恳请用租税赎回三镇土地；答应给的金帛也相差甚远；邻国高丽向金称臣，西夏、西辽与宋、金的关系也变得微妙。这些隐患无不在提醒宋钦宗：警惕金朝的野心。

事实上，宋钦宗也曾多次下诏，鼓励各地举荐能够统兵的将才。

可见，宋钦宗对危险的感知并不迟钝，但他宁愿自我麻痹，也不肯积极应对。

金朝虎视眈眈，宋朝却龟缩不前，一场狩猎在所难免。只不过，谁也没想到它会来得如此之快。

这年夏末，金朝使者萧仲恭、副使赵伦访宋，前来索要宋朝许诺的金帛。过了一个月，宋朝还没安排清楚，赵伦担心他们被扣留，为了脱身，就对陪同的宋朝官员说，替金朝效力的耶律余睹手握辽人大军，他与金朝不同心，可以拉拢他，袭击完颜宗望和完颜宗翰。

其实赵伦说得也没错。耶律余睹本是辽国宗室，因遭诬陷而降金，成为金朝灭辽、攻宋的大将，几年后也的确试图谋反，但此时仍然效力金朝。

碰巧，萧仲恭也是辽国旧臣。宋朝当时的宰相吴敏①相信了赵伦的话，认为他们怀有亡国之痛，可以作为宋朝内应，于是写了一封密信，让萧仲恭转交给耶律余睹。

七月底，萧仲恭回金后，将密信交给完颜宗望。完颜宗望曾屡次三番斥责宋朝不守信用，如今宋朝又来这出，他再一次被激怒，于是和金太宗重新计划南下攻宋。

没过几天，金朝心中的这颗火种，被另一件事彻底点燃。

八月初，西辽试图联合宋朝攻金，吴敏劝说宋钦宗写了一封信给西辽。这封信，刚好被完颜宗翰截获。

与上回一样，宋朝再次授人以柄，为金朝第二次攻宋提供了充足理由：宋人无信，破坏盟约。十四日，金太宗任命完颜宗翰为左副元帅，从云中发兵；任命完颜宗望为右副元帅，从保州发兵。

就在十多天之前，李纲在前线失利，损失数万兵力。威胜军、隆德府、汾州、晋州、泽州、绛州的百姓，纷纷渡黄河南逃，上述州县几乎成为一座座空城。李纲请求罢官，被召回京师，其职位由种师道替代。

大战将至，北宋朝廷中仍旧充斥着一片求和之声，主战大臣多遭罢免。李

---

① 吴敏没有担任太久的宰相，同年八月，被宋钦宗贬官。

纲也遭弹劾，不久被调往扬州，后又遭数次贬官。

也是在八月，外战未定，福州又生叛乱。加上西夏对宋朝边境不断侵犯，宋朝已然如一口热锅，宋钦宗及百官，就像一只只惶惶不安的蚂蚁。

九月初，在完颜宗翰的炮轰火烧下，太原沦陷，宋军将士死伤无数。面对金兵再次逼近，不少地方将领统兵进京御敌，求和派的宰相唐恪、耿南仲，却发檄文阻止他们前来，并再派使者入金求和。

战火烧到十月，种师道败于完颜宗望。金军在攻下真定府[①]后，向宋朝派出使者。宋朝接待官员王时雍，打算将三镇每年的收入，连同大量奇珍异宝送予金朝，并重重犒赏金军。金使很满意，带着犒赏军队的十万匹绢回营。

宋朝送出大礼，金朝是怎么回应的呢?

他们表面上答应议和，军队却没有停止进攻。宋朝各地守将因不敢破坏议和，不得不选择消极应战，防御工事、策略也漏洞百出，以致接连丢失城池。

御史中丞吕好问进言，请求宋钦宗下令各州军队阻挡金兵，调集勤王之师布防汴京。

金兵拿了好处，紧接着又去进攻中山府，满朝震惊，可大臣们仍然在讨论议和。吕好问没有收到答复，便领着御史台僚属弹劾大臣们，却被宋钦宗贬官。

按照这个节奏，用不了多久，金兵就会像上次一样围攻汴京。除了将希望寄托在议和上，宋钦宗还下了一道令人哭笑不得的诏令：命河北、河东各路将帅传令所属各部，可以视具体情况自行灵活行事，不必上奏朝廷。

宋钦宗这是要“摆烂”了吗?

十月十四日，在给太上皇宋徽宗过完寿辰后，朝廷开始商议割弃三镇之事。另外，他们还打算召回种师道，因为种师道预料金兵将大举进攻，奏请宋钦宗前往长安避难，大臣们认为他太过胆怯。

这就是当时宋朝的整体状态：既想要命，又想要脸。

---

① 真定府，北宋河北西路路治，军事重镇，在今河北省石家庄市。

十八日，宋钦宗总算等来一个“好消息”：二月底出使金朝的王云，派人回京传话，称金人不再纠缠三镇之事，只索要五种车辂[①]、冠冕，奉上金帝尊号，但需康王赵构亲自前往议和。

金朝在军事占尽优势的前提下，为何突然大发慈悲、主动妥协？

不知宋钦宗是否想过这个问题，不过，他也没有别的选择。两天后，宋朝拟好金帝尊号，令赵构出使完颜宗望的军营。

在这段时间里，平阳府、威胜军、隆德府、汾州、泽州等地，尽落敌军之手。中山府告危求援，朝廷置之不理。

宋钦宗一味避战，把赌注压在赵构身上，赵构却没有成行，因为车辂运输途中遭金人拒收。直到十一月初七，王云从金朝回来，他们才明白怎么回事：金人反悔了，一定要得到三镇，否则将再次举兵攻打汴京。

从金朝的所作所为来看，此前降低议和条件，不过是为了继续麻痹宋朝，他们趁机攻下更多城池增加谈判筹码，甚至，他们可能根本就没打算和谈。

宋钦宗无奈，只好再次召集百官商议割地之事。满朝文武一百余人，七十人坚持割地求和，只有三十六人反对。这三十六人中，包括秦桧。

五天后，金兵渡过黄河，沿岸宋军全部不战而逃。黄河失守的第二天，宋钦宗就彻底妥协，派遣赵构、王云等人出使金朝，答应在上次的条件基础上割让三镇。

而这一次，金人的回复是：不再讨论三镇之事，要求宋金两国隔黄河而治。朝廷上下一片惊恐，立即答应了金使的要求。

宋钦宗做了两手准备：一边派遣赵构、王云出使金朝，一边紧急招募将士保卫汴京。

出使途中，王云常常长他人志气、灭自己威风。沿路的百姓和守臣多次阻拦，希望他们起兵杀敌，而不是继续前行。路过磁州时，愤怒的民众抓住王云，

---

① 车辂，古代原是车辆的意思，后来多指帝王或贵族所乘坐的马车。五辂，天子的五种车驾，分别是玉辂、金辂、象辂、革辂、木辂，供天子在不同场合乘坐。

大骂他是金人奸细，将他杀害。当时，完颜宗望派人跟踪赵构，相州知州汪伯彦秘密将赵构接走。

随后，金朝又派来使者，再次强调隔黄河而治。宋钦宗答应了，派耿南仲和聂昌分别出使完颜宗望和完颜宗翰的军营。途中，聂昌被士兵杀害，耿南仲也因混乱而留在相州。

议和再次陷入僵局，那么，备战进度又怎样呢?

早在太原沦陷后，种师道发布檄文，征召西南两道的军队入京，可在十月份，种师道不幸去世。集结的勤王军队被求和派宰相下令不准轻举妄动，只能解散回家。李纲又被排挤在外，宋朝本就缺乏武将，又因议和而陷入被动，此时到哪里去找将才?

兵部尚书孙傅想了一个办法：他在丘浚的《感事诗》中读到一句“郭京、杨适、刘无忌”，便找到一个叫郭京的人。好事者称，郭京会“六甲法”，以七千七百七十七人施法，可活捉完颜宗望和完颜宗翰，杀得金兵片甲不留。朝廷深信不疑，为郭京封官赏银，令他自行募兵。郭京招人，不问技能，只看生辰八字是否合乎“六甲”，其中大多是无业游民、懒散惰怠之徒，十天之内就招募完毕。

金兵日渐逼近，郭京谈笑风生，夸下海口：只要选好良辰吉日，三百士兵便可平定天下，直打到阴山去。有人质疑郭京，孙傅大发雷霆，严厉斥责了他。

投机者看到郭京发迹，便照猫画虎，自称大力士、北斗神兵、天阙大将之类，混入军中。至于汴京的防卫工事、御敌设备，又多因策略滞后而失修。

闰十一月初，完颜宗望和完颜宗翰两军会合，兵临汴京城下。接下来一个月里，金朝故技重施，一边打一边议和。

宋钦宗重新调李纲回京，命赵构为河北兵马大元帅，在相州募兵备战。然而，此时补救，为时已晚。顺便一提，赵构募兵之际，相州汤阴人岳飞目睹山河破碎，又受母亲鼓励，奋勇投身军营之中。

金兵围攻京城，将炮火集中在东城墙和南城墙。时值汴京大雪，城中将士拼死抵抗，金人久攻不下，于是又屡次派来使者，催促宋朝的亲王、宰相前往金营结盟，更荒谬的是，竟开口向宋朝借粮。谁都清楚，此时前去等于羊入虎口。但宗室和大臣仍然前去议和，完颜宗翰却反复戏耍他们，甚至一句话不说，直接赶他们回去。

无论主和派还是主战派，都自知已无路可退。朝廷屡次督促郭京出战，郭京却一再改期。

二十五日，风雪交加，郭京命令守城士兵走下城楼，不许窥探他做法。他命人打开宣化门[①]，自己坐于城楼之上，命他的六甲神兵出城迎击金兵。这一战结果可想而知，郭京的士兵溃败，很多人掉进护龙河[②]中溺亡。

见状，郭京说："我得下去做法。"接着，他带领余兵下城，向南边逃之夭夭。

自此，汴京城破。

第二天，宋钦宗派宰相何栗等人前往金营。何栗畏惧，但宋钦宗执意让他去。何栗回来后，说金人要求宋徽宗前往汴京郊外。宋钦宗说："太上皇惊忧成疾，一定要太上皇出行的话，朕应当亲自前往。"

何栗自以为议和成功，终日聚会饮酒，谈笑风生。

这个月最后一天，宋钦宗携何栗等人，前往青城[③]，见到完颜宗望与完颜宗翰。完颜宗翰说他们还没得到金帝的指令，对宋钦宗还算客气。宋钦宗一行人留宿青城，汴京百姓排着长队，站在雪中等待皇帝归来。十二月初二，宋钦宗返回京师，迎接的人群与他一同痛哭流涕。

宋钦宗回来了，但宋朝真正的噩梦才刚刚开始：

初三，金朝使者前来，索要金一千万锭、银两千万锭、帛一千万匹。他们

① 宣化门，北宋都城汴京的外城南门之一，因为可以通往陈州，百姓俗称为陈州门。

② 护龙河，汴京外城的护城河，河面宽十余丈，内外两侧种植柳树，以稳固河堤。

③ 青城，位于汴京城郊，是北宋重要的礼制建筑，主要用于皇帝祭祀天地前的斋戒仪式，分内城与外城，分别供皇帝和百官居住。

满城搜刮，带走七千余匹骡马。

初五，宋朝派大臣前往两河地区，宣布割地于金。

两河地区的百姓抵死不降，金兵攻打了一个月，只攻下一座石州城。靖康二年（公元1127年）正月初四，朝廷下诏，令两河百姓打开城门投降。

初十，金朝着急索要金银，打算纵容士兵进入汴京；宋钦宗被迫再次前往青城，被挟持数日，吃饭都成问题，时不时看着陪同他来的群臣流泪。为了赎回皇帝，汴京城中的贵族、百姓，或主动献出金银，或遭宋臣强行搜刮。

宋朝的妥协换来什么结果呢？这个月十七日，金兵从东边含辉门进入汴京，纵火掳掠。

二月初六，金太宗下诏，废宋徽宗、宋钦宗为庶人。

初七，宋徽宗被押往金营，诸多宗室、妃嫔被一并掳走。途中，宋徽宗受尽凌辱。

二月下旬，金朝因所获金银不足，杀了户部尚书梅执礼等四名宋朝大臣，悬其首级示众，继而疯狂掠夺，金银珠宝自不必说，百戏道具、图书典籍也在其列，妇女更难幸免。吏部尚书王时雍掳掠妇女最为卖力，被称为“金人外公”。

城中百姓无以为生，树叶、猫犬、尸体都成了他们的食物，加上疫病流行，饿死、病死者不计其数。

三月初七，金朝拥护张邦昌为帝，张邦昌“被迫”接受，国号大楚。

初十，金人再次前来索要宗室成员，最终，宋朝宗室共三千余人被金人掳走。

三月底，金军搜刮大量财物、人口后，又担心赵构的势力，便计划撤退，同时在汴京城内大肆纵火、屠杀。

直到三月二十七日，完颜宗望终于撤军，押送宋徽宗、宁德皇后及各路亲王、妃嫔北上。四月初一，完颜宗翰撤军，随军押送宋钦宗、皇后、皇太子及部分宗室、大臣，并满载无数车辂、卤簿、冠服、礼器、法物、大乐、教坊乐器、祭器、八宝、九鼎、圭璧、浑天仪、铜人、刻漏、古器、景灵宫供器，太清楼、秘阁、三馆书，天下州府图及官吏、内人、内侍、技艺工匠、倡优，府库蓄积而归。

靖康之难，为一百六十七年的北宋王朝画上了终止符。自宋徽宗试图联金灭辽、收复燕云十六州起，不到二十年间，北宋便亡于金人之手；而金朝自建国到灭辽、灭北宋，只花了十二年时间。

然而，金朝虽然掳走上千名宗室，宋朝的气运却并未断绝；而中国历史上，比“靖康之耻”更令人意难平的事，也将出自赵氏之手。

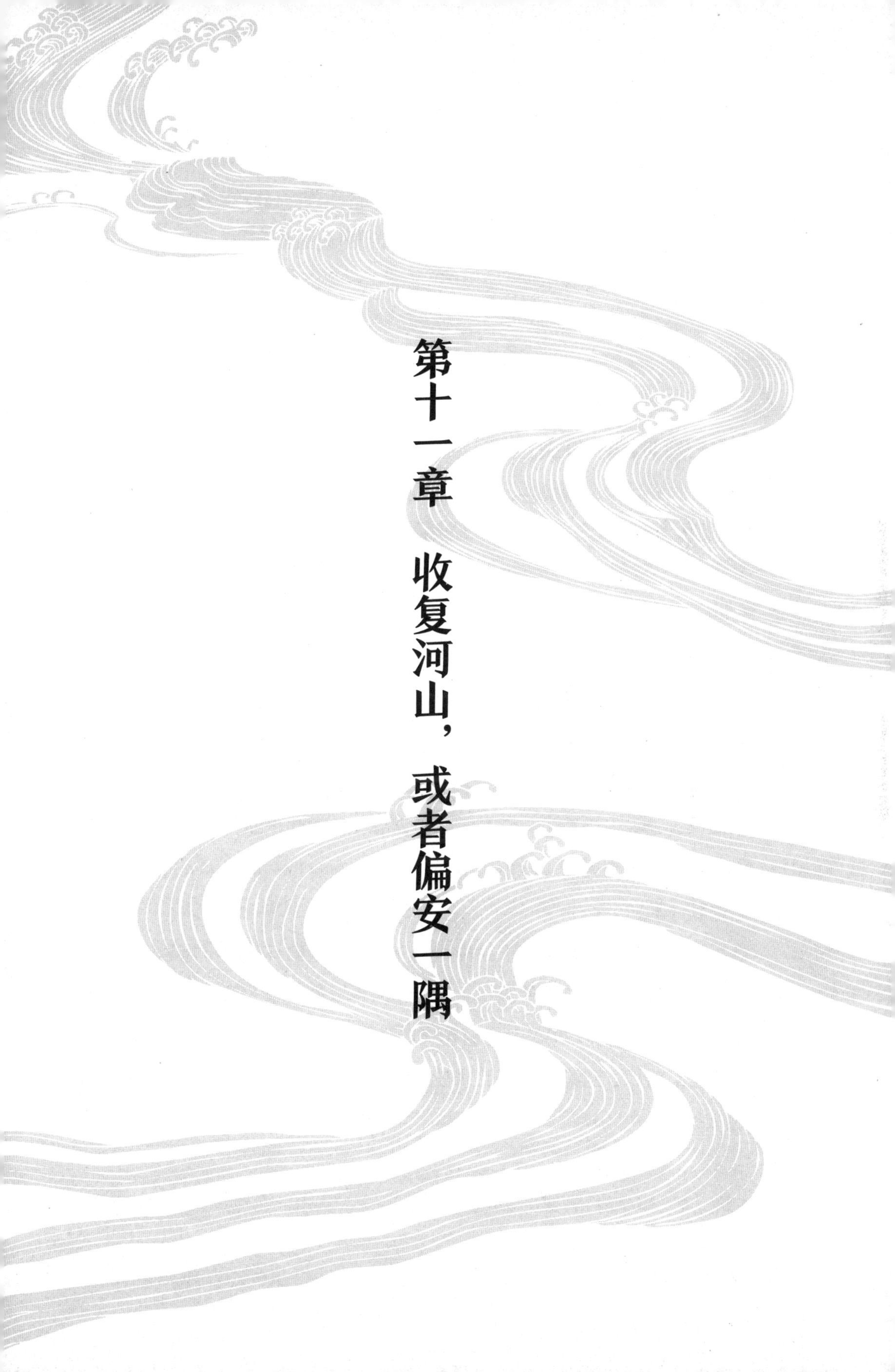

# 第十一章　收复河山，或者偏安一隅

# 宋高宗的两副面孔

赵构的命，很硬。

仅仅一年之内，他至少躲过三劫。

金兵第一次攻到汴京城外时，宋朝求和，金朝的要求之一，是以宋朝亲王作人质。据《宋史》记载，康王赵构“慷慨请行”，前往金军营帐。赵构在被扣留期间，表现得极为镇定。完颜宗望很诧异，让宋朝更换人质。于是赵构返京，由肃王赵枢代为人质。赵枢入金后，再未获得自由，最终客死他乡。第一劫，赵构躲过了。

金兵第二次攻宋，再次要求赵构入金。赵构赴金的日程因事拖延许久，途中又受百姓、将士阻止，阴差阳错去到相州，得以逃出金人爪牙，同时又因离开汴京，免遭金人掳掠。第二劫，赵构又躲过了。

汴京沦陷前后，赵构作为河北兵马大元帅，没有积极响应宋钦宗之召率军勤王[①]。金人也曾试图以宋朝名义召回赵构，未能得逞。赵构手握重兵[②]，坐视汴京生灵涂炭，虽不近人情，却也对金朝起到了震慑作用，同时保留了有生力量。第三劫，赵构再次躲过。

渡劫成功之后，赵构的人生焕然一新。

原本宋钦宗即位后，册立长子赵谌为皇太子，赵构作为宋钦宗之弟，大概率没有当皇帝的资格。如今宗室凋敝，赵构继承大统不过早晚的事。

宋徽宗、宋钦宗被掳走后，副元帅宗泽请奏拦截金兵，赵构没有同意；又有人建议他驻军宿州，再谋划渡长江而南去，赵构也未行动。为躲避金人追踪，他四处辗转。

张邦昌担心惹祸上身，准备将皇位还给赵氏，于是派人联络赵构，同时恭请元祐皇后[③]垂帘听政，存在仅三十三天的伪楚政权就像一出闹剧，至此收场。

靖康二年（公元 1126 年）五月初一，康王赵构登坛受命，于南京应天府[④]即位，改年号为“建炎”，大赦天下，元祐皇后撤帘归政。后世称赵构为宋高宗，其建立的政权，史称“南宋”，金朝则称其为“残宋”。

开启新政的宋高宗，重用李纲、宗泽、韩世忠等主战大臣，对张邦昌、李邦彦、耿南仲、王时雍、吴敏等求和之辈，或罢职贬官，或流放安置；同时，加强各地军事守备，甚至主动迎击金兵。

看这般阵势，难道宋高宗是准备收复河山、营救二帝与宗室吗？

对抗金朝不假，无论是为了巩固统治，还是为了稳定人心，这是宋高宗必须迈出的一步；不过，这也仅仅是宋高宗计划的一部分，而且只是手段，并非

---

① 副元帅宗泽力主勤王，赵构派他出征，但实际是为将他调出大元帅府。宗泽多次大败金兵，无奈孤军深入、援军不至，未能解汴京之困。

② 当时，赵构的大元帅府已号称拥兵百万，其中包括直属军队和民间武装力量。

③ 元祐皇后，即宋哲宗的第一任皇后孟氏，曾遭诬陷而被废黜。靖康元年，宋钦宗准备恢复孟氏名号，尊为“元祐太后”，然而诏书尚未送达，金兵便攻破汴京。也正因如此，孟氏作为废黜的皇后，才没有被金兵掳走。赵构即位第二天，尊孟氏为“元祐太后”。

④ 北宋时期的南京，位于今河南省商丘市。

目的。

《续资治通鉴》中记载了一个细节：宋高宗即位第二天，在他处理的一堆国家大事中，有一件显得不太起眼。他任江宁府[①]知府翁彦国兼任江南东、西路经制使，赐钱十万缗[②]，让他建设江宁城、修缮宫殿，以备皇帝巡幸。

巡幸，在和平时期并不罕见，目的大多是考察地方经济、政治、军事状况。可宋朝今非昔比，南京应天府不过是临时的皇权中心，周遭并不安全，此时巡幸，避难求生的意图更加明显。

还有一件事，也为南宋抗金增加了不确定性：尽管宋高宗封赏了一批主战之臣，但因拥立高宗而得以重用的黄潜善、汪伯彦，却是坚定的主和派。

围绕是战还是和的争论，朝堂之中再次吵得鸡犬不宁。

一方面，黄潜善等人劝说宋高宗向金求和，依照靖康誓书，与金朝划黄河而治。

另一方面，李纲等人建言献策、积极备战，制定新规二十一条，立志讨伐金朝，一雪前耻。

面对两派斗争，宋高宗会一反宋徽宗、宋钦宗摇摆不定的态度吗？

答案仍然是否定的。正如宋钦宗即位时带来的错觉一样，宋高宗最初非常支持李纲，对弹劾李纲的奏疏也不予理会，一度还放出狠话："若金人秋高气寒之时再来入侵，朕将亲督六军以援京城及河北、河东诸路，与之决战。"

可还没到秋天，宋高宗就变卦了。

七月，黄潜善、汪伯彦建议宋高宗巡幸东南。李纲反对，他认为北方不可抛弃，应当巡幸南阳[③]，以维系天下人心，之后再图重返汴京。于是，宋高宗收回巡幸东南的诏令，答应巡幸南阳。

---

① 江宁府，位于今江苏省西南部，主要涵盖南京市部分区域及周边。

② 缗，古代串钱用的绳子，十万缗就是十万串，通常一串为一千文。

③ 南阳，位于今河南省西南部。关于巡幸地点，李纲曾多次上奏，包括但不限于关中、襄阳、邓州、南阳等地。

可没过几天，中书舍人刘珏等人上疏，声称南阳位置虽好，但周边地区无力承担一国之都的用度，而金陵富足，且有大江阻隔，不利于金人的骑兵作战。宋高宗便转而倾向巡幸东南。

早在登基的第二天，宋高宗就下令在江宁府建城修宫，这难道只是巧合吗？恐怕他内心的真正所想早已暴露。

从七月底开始，宋高宗正式筹划巡幸东南：安抚东南各地、任免地方官员、迁移宗室和官署、令沿途各地准备食宿等。

主战派与主和派的斗争结果日见分晓：李纲处处遭黄潜善掣肘，愤而请求辞官。适逢黄潜善的亲信弹劾李纲，宋高宗于是罢免他的宰相之位，分别任命黄潜善、汪伯彦为左相和右相。李纲、宗泽的各项备战举措，也遭到不同程度的破坏。

与此同时，金朝加快了进攻宋朝的步伐。九月，完颜阇母进犯河间府，又在莫州大败宋军，接着雄州投降；完颜昌攻取祁州，永宁军、保州、顺安军投降。

屋漏偏逢连夜雨，杭州、建州、镇江、常州[①]等地叛乱四起，起义之声此起彼伏；各地盗贼丛生，并向周边蔓延，官兵屡镇不止。

在此背景下，建炎元年（公元 1127 年）十月初一，宋高宗从应天府登船，正式踏上南渡之路。途中，他还不忘让官员收集民间财物，美其名曰“助国钱”。

看到这里，我们或许会以为，宋高宗不过是重蹈前两任的覆辙，并未吸取任何教训。可事实真是这样吗？

面对金兵南下，宋徽宗选择撂担子跑路，没有任何应对方案；宋钦宗摇摆不定，时而欲逃，时而愿战，时而求和。

宋高宗有点不一样，他登基之初积极备战，以稳定朝局和舆论，暗中早已

① 以上四地均位于南方地区。

谋划避难，等到时机成熟就南下而去。离开应天府前后那段时间，他还做了两手准备：

一、既然宗泽一心主战，那就让他去打金兵；

二、既然黄潜善妄想求和，那就派人去金朝商议。

如果求和成功，社稷就能延续；如果打败金朝，或许还有收复河山的可能；即便求和失败、战事失利，跑去南方至少能躲一阵子。

宋高宗的这两招效果又如何？

战事方面，既有宗泽、韩世忠等名宿统军奋勇杀敌，也有像岳飞这样的后起之秀崭露头角，他们与金兵缠斗，虽互有胜负，但整体形势不容乐观，宋朝城池接连沦陷于金兵的铁骑之下。

不过，由于他们的抵抗，金朝企图迅速灭亡宋朝的计划也遭破产。宋高宗一路南下，于十月底落脚扬州，暂时安定下来。

建炎二年（公元 1128 年），金朝加强攻势，前线的抗金将士浴血奋战，也只能拖延金兵的脚步，无法真正与之抗衡。金兵渡过黄河后肆无忌惮，扬州作为临时权力中心，更是成为他们的眼中钉。

战事陷入被动，那么求和的结果呢？

按照宋高宗南下时的部署，宋朝史臣王伦、朱弁前往云中，一来向被俘的宋徽宗、宋钦宗问安，二来向完颜宗翰陈述战与和的利弊。可完颜宗翰不听，将他们扣留下来。后来，宇文虚中再次入金，同样遭到扣留。

议和这条路，也暂时走进死胡同。且不说金人野心有多大，只看前几次宋朝议和后的动作，就给金人留下“不守信诺”的印象。求和？除非宋朝拿出实力。

就在宋高宗驻跸扬州一年多后，建炎三年（公元 1129 年），金兵还是打了过来。

一月底，徐州、泗州相继被攻破，扬州人心惶惶。三十日晚上，宋高宗听闻金兵将至，惊慌失措，通宵将国库中的财物搬运出去。

二月初一，宋高宗本想立刻乘船渡过长江，被黄潜善劝住，理由是要搬运左藏库三分之一金帛随行，顺便等待奏报。户部尚书借来两千人，花了一天才将金帛装船完毕。这一天，皇子、六宫们在军队护送下，前往杭州。

宋朝将士战意低落，溃不成军，投降的投降，逃命的逃命。两天后，距离扬州仅百里左右的天长军，被金兵攻破。

宋高宗得知后，立马披上甲胄，奔镇江而逃，随行者只有五六人。黄潜善、汪伯彦还在都堂议事，直到有人大喊“官家起驾啦”，他们才戎装上马，追宋高宗而去。

听说宋高宗要来，镇江守臣率兵相迎。然而，皇帝以“巡幸”之名驾临，城中百姓却望风而逃，他们奔向山谷，以防金兵来袭，镇江城十室九空。

此外，因为船只搁浅，大量财物被金人劫走，包括皇帝车乘服饰等御用之物、官府卷案文书、朝廷仪仗器具等。

当初金朝攻辽时，天祚帝被追得四处逃窜，跑进山林、沙漠、河谷，甚至试图跑去西夏，最终还是落入金人之手。如今，宋高宗又被金人盯上，他能顺利脱险吗？

# 岳飞败给了谁

建炎三年（公元 1129 年）二月，宋高宗离开扬州后，开启了一段疯狂的亡命之旅。

宋高宗先跑去镇江，还没待上几天，又觉得镇江也不安全，便经吕城镇、常州、无锡等地，抵达平江府[①]。而后，金兵攻打离平江府不远的泰州，宋高宗再次急忙逃走，穿过吴江县来到秀州后，又辗转去往杭州。

期间，宋朝将士继续与金兵作战，宋高宗也不忘派遣使者，携带国书前往扬州与金人和谈。那些走散的大臣，陆续重新聚集到宋高宗身边。

三月，宋高宗好不容易在杭州缓口气，每天吃着羊煎肉配炊饼，却因随行官员苗傅、刘正彦兵变而被迫退位，直到四月才复位。苗、刘二人因担心获罪，进而挑起叛乱，宋高宗只好移驾江宁府。

五月初八，宋高宗驻跸江宁府神霄宫，改江宁府为建康府。几年前即位之初的准备，如今总算派上用场。

---

① 平江府，位于今江苏省苏州市。

不过，宋高宗刚刚坐稳，就迫不及待地遣使入金。他给金朝左副元帅完颜宗翰写信："宋康王赵构谨致书元帅阁下：愿意改用大金年号，类似于藩国之臣。"宋高宗受够了逃命的日子，可是金人会答应吗？

金人用行动予以回复：举兵南下。

当初，金兵没有追到宋高宗，他们在扬州搜刮、屠杀、焚城之后，扬长而去，转而进攻高邮等地。而几个月后，一场针对宋高宗的"搜山检海"行动又席卷而来。

接下来，宋高宗又开始无止无休地逃跑，镇江府、常州、无锡、平江府、临安府①、越州、温州、台州……

与之对应的，是金兵不折不扣的进犯与追击。他们渡过长江，游动骑兵相继踏破黄州、江州、太平州、常州、越州、潭州、临安府、建康府……

宋高宗简直成了活靶子，难怪百姓们听说皇帝要来，都争相逃命。

在那段惶恐不安的日子里，宋高宗的心情究竟如何，我们无法得知，但从他给完颜宗翰的另一封求和信中，我们隐约能感受到他的崩溃与无力：

"在古代，每当国家面临危急存亡的境地，只有坚守或者逃亡。现在，坚守没有足够人马，逃亡又无处可去，这就是我惶恐不安，希望您能够怜悯并赦免我的原因。所以，我此前接连写信给您，愿意废除旧国号，承认天下都是大金国土，尊奉金帝为唯一的君主，你们又何必兴师动众、长途跋涉才痛快呢？"②

金人在回信中将宋高宗痛骂一顿。宋高宗最终意识到，在陆地上已经无路可逃。这年十二月，他决定躲到海上去。

建炎四年（公元1130年）正月初一，宋高宗在金兵的追击之下，被迫停在海中度过春节。金朝大将完颜宗弼③紧随而至，仍然没有追上宋高宗。

---

① 建炎三年七月十五日，朝廷升杭州为临安府。

② 原文为："古之有国家而迫于危亡者，不过守与奔而已。今以守无人，以奔则无地，此所以諰諰然惟冀阁下之见哀而赦己。故前者连奉书，愿削去旧号，是天地之间皆大金之国，而尊无二上，亦何必劳师远涉，而后为快哉？"

③ 即金兀术，完颜宗望的弟弟，完颜阿骨打第四子。

二月，完颜宗弼宣布搜山检海结束，准备撤军。他带着大量金银财宝向北而去，沿途烧杀掳掠，无恶不作，仅平江府就有五十万人惨死。

韩世忠、岳飞等宋朝名将沿途阻击金兵。岳飞率领岳家军取得牛首山大捷，收复沦陷半年之久的建康。而黄天荡一战中，完颜宗弼差点被抓，宋军虽败犹荣。

金朝三次举兵南下，仍然没有俘获宋高宗，又遭宋朝将士顽强抵抗，只好“另辟蹊径”：册封南宋降金叛臣刘豫为皇帝，建立傀儡政权，国号大齐；对宋政策改为“以和议佐攻战”；将进攻重点转向西北地区。

这对宋高宗来说，无疑是柳暗花明，抗金与议和的局面都发生了根本性转变。尽管他的危险尚未彻底解除，但至少不必再疲于奔命，南宋政权进入相对稳定时期。此后，宋高宗主要在临安、平江府和建康活动，并最终定都临安。

得以喘息的宋高宗开始部署下一步策略：一边平叛内乱、治理朝政，一边与金人斡旋，或对战、或议和。在此期间，岳飞数次北伐，因战功煊赫、治军有道，屡次得到升迁，其帐下猛将如云，岳家军成为令金朝闻风丧胆的存在。

如果事情照此发展，宋朝说不定有朝一日还能收复河山，然而另一个人物的粉墨登场，彻底终结了这种可能性。

这个人就是秦桧。

秦桧的履历颇有传奇色彩。金兵第一次围攻汴京时，要求宋朝割让太原、中山、河间三镇，秦桧上书谏言：慎重签订盟约、加强军事防御、拒绝割让三镇等。金兵第二次南下，百官商议割地之事，秦桧是仅有的三十六个反对者之一。金朝欲立张邦昌为帝时，众人敢怒不敢言，秦桧上书公开质问。

如果不去揣测动机，只看言行举止，早期的秦桧是一个妥妥的大忠臣。

因上书之事，金人大怒，将秦桧抓至军营。公元 1127 年，金人掳走宋徽宗、宋钦宗等一众宗室、大臣，其中就包括秦桧。

秦桧抵达金朝后，通过行贿完颜宗翰，成为金太宗的弟弟完颜昌的幕僚。

后来金兵大举进攻南宋，完颜昌作为金朝重要将领，出征时也带上了秦桧。

建炎四年（公元 1130 年）十月，秦桧携带妻子和仆从离开金营，来到宋高宗身边。秦桧带来宋徽宗、宋钦宗的消息，又提出“南自南，北自北”的主张，建议宋金划南北而治。宋高宗因得到秦桧这样一位人才高兴得睡不着觉，任命他为礼部尚书。

秦桧声称自己杀死金兵监守才得以逃脱，引来满堂朝臣的质疑，只有少数人如宰相范宗尹、同知枢密院事李回，极力为他辩解。

秦桧在金朝究竟经历了什么？他为何要离开金朝？又是如何离开的？我们无从知晓，但有一点可以确认：现在的秦桧，已经不是当年的秦桧。

绍兴元年（公元 1131 年），秦桧升任参知政事，又在范宗尹罢相后不久当上右相，并在短时间内将左相排挤出朝堂，独揽大权。

不过，报复也来得很快。第二年，秦桧多次被大臣弹劾，宋高宗说：“秦桧说，‘南人归南，北人归北’，朕是北人，将归何处？秦桧又说，他为相数月就能震动天下，如今毫无建树。”于是，宋高宗罢免了秦桧的宰相，昭告天下。

秦桧提出的“南自南，北自北”之策没有生效，宋金议和没有取得实质性进展。绍兴四年（公元 1134 年），伪齐刘豫听说岳飞已经收复襄阳，北征步伐稳扎稳打，于是再次乞求金太宗伐宋。金朝内部对此意见并不统一，一番讨论之后，最终同意刘豫开战，金朝则举兵相应。敌军势如破竹，竟逼得宋高宗作势要御驾亲征。年底，金太宗病危，加上岳家军等宋朝将士愈战愈勇，此次危机才得以化解，而秦桧也迎来翻身的机会。

绍兴五年（公元 1135 年），金太宗去世，完颜昌、完颜宗弼成为金朝最具威望的大将。完颜昌等人把持朝政后，力主与宋议和。同年，宋徽宗于金朝五国城中去世。

宋高宗看到议和有望，便再次重用秦桧，因为他曾在完颜昌麾下谋事，又了解金朝国情。绍兴八年（公元 1138 年），秦桧复任相位，主战派重臣赵鼎等人遭到罢黜。

可就在这前一年，宋高宗还对岳飞推心置腹：“有你这样的大臣，我还有什么忧虑呢？进退时机由你把握，我不干预。”之后，他又召岳飞进寝宫，说：“宋朝中兴大事，就都委托给你了。”

宋高宗嘴上说不干预，实际上却纵容秦桧等人从中作梗。伪齐政权灭亡[①]后，岳飞上奏，请求趁机收复中原，没有得到朝廷答复。后来，金朝打算归还北方部分城池，宋高宗答应了金朝的议和提议。

绍兴九年（公元 1139 年），金朝果真还河南、陕西旧地于宋，并答应归还宋徽宗灵柩，以及部分被掳走的宗室。不过，宋高宗也不敢忽略岳飞的提醒，没有放松边境防备。

重掌大权的秦桧，与手握重兵的岳飞，注定是南宋无法平衡的两极，他们既是宋朝战与和的象征，也是宋高宗内心摇摆的具象化。

绍兴十年（公元 1140 年），这一矛盾终于进入白热化阶段。

如岳飞所料，五月，金朝撕毁和约，大举兴兵伐宋。主张议和的完颜昌早在前一年就被金熙宗杀害。宋高宗连忙部署战斗。岳飞、韩世忠、张俊等将领率军抵抗，连番取胜。

岳家军表现尤其勇猛，数月之内便挺进中原，取得郾城、颍昌、朱仙镇等战斗的胜利，将金兵主力逼退至河北，收复大片河山，郾城大捷时又差点抓到完颜宗弼，杀得敌人闻风丧胆，不少金兵将领甚至率军前来归附。岳飞意气风发，计划直捣黄龙，大有消灭金朝之势。

然而，正当宋军士气高昂之际，秦桧却主张放弃淮河以北地区。他奏请宋高宗，召岳飞班师回朝。岳飞上奏道：“金兵士气沮丧，抛弃全部辎重，急忙渡河；两河豪杰闻讯而至，将士以死相战，如此时机不会再有，不应轻易放弃。”

秦桧早知岳飞北伐意志坚定，于是设法令张俊等将领收兵，再以岳飞孤军

① 绍兴七年（公元 1137 年），刘豫伐宋兵败后，金人不满，将他废为蜀王，伪齐政权灭亡。

深入为由，命他撤退。秦桧生怕岳飞违抗命令，一天之内连下十二道金字牌[①]。

岳飞不得不悲恸撤军，他望着东方，泪流不止："十年努力，毁于一旦！"百姓挽留岳飞，拦住他的马，哭声震撼原野。

完颜宗弼兵败朱仙镇后，正欲北逃，得知岳飞已经退走，于是留在汴京继续作战，宋朝将士用命收复的城池，再次落入金人之手。

接下来，宋朝一边积极与金朝议和，一边被动防守金兵的进攻。尽管朝中局势已完全偏向主和，但在岳飞、韩世忠等将领的坚守下，金兵想要像当年攻打汴京一样，靠武力逼迫宋高宗，也几乎没有可能。

至此，宋金议和已经成为定局，双方也进一步表示议和的诚意。

绍兴十一年（公元 1141 年）四月，岳飞、韩世忠等多名大将的兵权相继被解除。宋朝与金朝频繁互遣使者，议和事宜已进入尾声。

然而，对金朝来说，还剩下最大的一颗眼中钉。于是，完颜宗弼写信给秦桧："必须杀岳飞。"

这年八月，宋高宗罢免岳飞的官职，十月又将岳飞父子关进大理寺监狱。诸多主战的朝官、将领受到处罚，为岳飞鸣不平的大臣和百姓也遭报复、冤死。

岳飞在牢里被关了两个月，秦桧一党仍然没有找到他的把柄，最后，他们为岳飞扣上"莫须有"的污名，并令人做伪证。

然而，对金朝和秦桧来说，这还不够。

公元 1142 年 1 月 27 日，除夕夜，岳飞被宋高宗下诏赐死，年仅三十九岁；他的儿子岳云、部下张宪也惨遭杀害，家属、幕僚也受到不同程度的牵连。金朝将领们听到岳飞死讯后，举杯相庆。

岳飞之死，是中国人最为意难平的历史事件，即便秦桧被钉上历史耻辱柱数百年，也难解心中愤恨。岳飞志在驾长车踏破贺兰山，一雪靖康之耻，正值

---

① 金字牌，宋朝用于传递紧急军令或敕书的木制符牌，表面涂朱漆且刻有金字"御前文字，不得入铺"，一日可行五百余里（一说为四百里），这是一种优先级别最高的邮递凭证，要求"风雨无阻、昼夜兼程"。

盛年却枉死狱中，他到底是败给了秦桧、金人，还是宋高宗？

秦桧与岳飞立场相对、积怨已久，为人又阴险狡诈，一手策划岳飞冤案。这是两个人的矛盾，也是主和派与主战派的斗争。毫无疑问，在这场较量中，岳飞败给了秦桧。

岳飞在战场上大败金兵，所向披靡，可在战场之外，岳飞却败得一塌糊涂。完颜宗弼联合秦桧，借刀杀人，不费一兵一卒便达到了目的。

宋高宗起初信任岳飞，后来的态度却发生惊天逆转，除了秦桧的蒙蔽、金朝的施压，也有宋高宗的私心作祟。岳飞希望收复河山、迎回宗室，可如果宋钦宗回归，势必会动摇宋高宗帝位的合法性；岳飞军权在握，又曾多次议论储君之事，也难免会受到宋高宗猜疑。因此，尽管岳飞战功累累，多次挽救皇权于危急之中，最终仍被宋高宗赐死。

然而，杀了岳飞，真的能挽救宋朝吗？

# 逃避虽然可耻但有用

绍兴十一年（公元 1141 年），南宋与金朝经历十余年的战争与谈判，签下“绍兴和议”，主要内容包括：

一、宋向金称臣，金朝册封赵构为皇帝；

二、金主生日及正月初一，宋朝需遣使朝贺；

三、以淮河中游—大散关为界，以北属于金朝，以南属于宋朝；

四、宋朝割让唐州、邓州全境及商州、秦州大部分区域给金朝；

五、宋朝每年向金朝缴纳银二十五万两、绢二十五万匹。

作为回报，金朝愿意永世与宋修好，将归还宋高宗母亲及宋徽宗等人灵柩；至于宋钦宗，盟约并未要求金朝归还[①]。

岳飞死后，盟约开始进入执行阶段。二月，宋高宗派遣使者前往金朝，递交誓表。宋高宗在誓表中写道：

---

① 公元 1156 年，宋钦宗病死于金朝境内，消息直到公元 1161 年才传回宋朝。后来，金朝有意归还宋钦宗灵柩，但遭宋朝拒绝。

“臣赵构在此声明：如今我们划定国界，决定以淮水中流做分界线……既然承蒙贵国开恩，允许我们作为藩属国而存在，那么我以及后世子孙，都将谨守臣子本分……如果违背盟约，愿受神明惩罚，使我们国破家亡。”

三月，金主遣使来宋，下达册封国书：

“宋朝的康王赵构……正式册封你为皇帝，国号为宋，世代履行臣子职责，永远是国家的屏障和捍卫者。啊！敬奉天命吧，赵构，你要恭敬地听从我的命令！”

宋朝以岳飞和无数将士、百姓的鲜血为代价，换来这份充满屈辱的不平等条约，结果又如何呢？

绍兴三十一年（公元 1161）年，宋金两国维持了二十年和平之后，金朝海陵王完颜亮[①]撕毁盟约，举兵南下。宋高宗又想入海逃跑，但大臣竭力阻止，幸亏后来宋将虞允文于采石矶大败金兵，完颜亮又遭部下杀害，这才作罢。

金世宗继位后，宋高宗遣使庆贺，并准备再次议和。可是朝堂之上，主战之声此起彼伏。宋高宗在多重压力之下，将皇位传于养子赵昚，即宋孝宗。

宋孝宗在担任太子期间便极力主战，继位之后，他为岳飞等人平反，重新启用张浚等战将，秦桧一党也逐渐失势，北伐呼声越发高涨。

宋孝宗不待准备充分，于隆兴元年（公元 1163 年）四月正式下诏北伐。张浚坐镇扬州指挥，以李显忠、邵宏渊为主将发起进攻。

北伐初期，宋军过关斩将，连续取得灵璧、虹县、宿州等战役的胜利，而李显忠和邵宏渊两人也因战功等因素产生矛盾，且愈演愈烈。五月，金兵反扑宿州，被李显忠击退，随后金兵主力赶到，邵宏渊不但没有支援，反而动摇军心。这一战的结果是，金兵在符离大败宋军，史称“符离之战”。

符离之战是隆兴北伐的转折点，宋军士气因此一蹶不振，宋孝宗被迫下令撤军。这之后，宋孝宗的立场也由主战转成摇摆不定，主张求和的汤思退重新

---

① 完颜亮，金太祖完颜阿骨打之孙，杀金熙宗后自立，是金朝的第四位皇帝，史称金海陵王。

获封宰相。

于是，宋孝宗步入宋徽宗、宋钦宗、宋高宗都未曾走出的泥潭：被动应战，谋求议和。

正在宋金议和进行之际，隆兴二年（公元 1164 年）十月，也就是张浚病逝两个月后，金朝趁宋朝守备松弛，突然渡过淮河，发起大规模进攻。宋军节节败退，议和之事出现变故，朝堂愤怒，宋孝宗罢免汤思退，启用虞允文等主战大臣。

可此刻备战，为时已晚。面对金兵压境，宋孝宗只好接受议和。十二月，隆兴和议达成，主要在绍兴和议的基础上进行如下调整：

一、宋朝不再对金朝称臣，金与宋两国，由宗藩关系变更为叔侄关系；

二、岁贡改成岁币，由银二十五万两、绢二十五万匹，减至银二十万两、绢二十万匹；

三、宋朝放弃唐、邓、海、泗、商、秦等六州，两国恢复淮河中游－大散关分界线；

四、双方交换战俘，但不包括叛逃人员。

与绍兴和议相比，隆兴和议似乎略有所获，却并未改变其屈辱性不平等条约的本质。隆兴北伐失败之后，南宋收复中原的雄心一落千丈，在此后一百余年的时间里，只发动过两次真正意义上的北伐。

第一次发生在开禧二年（公元 1206 年）。宋宁宗在宰相韩侂胄等人的建议下①，对金朝发起战争。这次北伐，韩侂胄准备严重不足，金朝又提前获得情报，加上宋将吴曦叛变等因素，宋朝最终战败。嘉定元年（公元 1208 年），宋金再次议和，宋朝将岁币增至银三十万两、绢三十万匹，另外还首次支付战争赔款三百万贯，金朝归还宋朝部分土地，史称“嘉定和议”。

第二次则是在金朝灭亡前后。随着蒙古崛起、金朝衰落，两国矛盾日益加

① 关于韩侂胄主战的动机，史学界历来颇有争议，既有人承认其“雪耻复疆”的可能性，也有人质疑他是为了获取政治资本。

深，他们都希望能够与宋朝联兵。尽管很多有识之士担忧会重蹈“联金灭辽”的覆辙，但宋朝最终还是选择了“联蒙灭金”。端平元年（公元 1234 年），蒙宋联军于蔡州大败金兵，金朝随即灭亡。同年，南宋趁机举兵北伐，一度收复汴京、洛阳等大片疆土，史称“端平入洛”。然而，宋军因粮草不济、蒙军反攻等因素，弃城南归。宋理宗的北伐也以失败告终。

“端平入洛”失败之后，宋朝的军事力量严重受创，朝廷内部也日渐混乱。更重要的是，它成为蒙古攻宋的导火线，长达四十六年的蒙宋战争，就此拉开序幕。

公元 1279 年，宋元①于崖山②展开大规模海战。宋军溃败后，大臣陆秀夫抱着八岁的皇帝赵昺跳海自尽，南宋灭亡。当年绍兴和议时，宋高宗发下的“亡国毒誓”，终究一语成谶。

两宋的悲剧，竟是如此相似。

北宋为收复燕云十六州，与辽国连年征战，结果是签订“澶渊之盟”。百年之后，北宋背弃盟约，推行“联金灭辽”的政策。灭辽之后，金人终结了北宋王朝的统治。

南宋与金签订“绍兴和议”后，为收复疆土而北伐，结果是签订“隆兴和议”与“嘉定和议”。之后，南宋背弃盟约，推行“联蒙灭金”的政策。灭金之后，蒙古人亦为南宋王朝拉下历史帷幕。

尽管宋朝在军事上的孱弱众所周知，但在经济和文化上，却是诸多朝代中的佼佼者，尤其到了南宋，中国古代经济重心已经彻底南移③。

北宋末年战乱四起，宗室、缙绅、士大夫、士兵、百姓，以及各行各业的人才，事实上已经开始南迁之路；等到靖康之难、宋高宗“巡幸东南”，人口

---

① 公元 1271 年，大蒙古国大汗忽必烈，改国号为大元。

② 崖山，位于今广东省江门市新会区以南。

③ 史学界另有观点认为，中国古代经济重心在北宋末年已初步完成转移，南宋是对其进一步巩固与加强。

南迁更加势不可当，北方大量城池为之一空；至绍兴和议前后，大规模的北民南迁已基本完成。由于这一迁徙现象主要发生在建炎年间，因此史学界称其为“建炎南渡”。

《宋史》记载：“金州[①]残弊特甚，户口无几。”

《宋会要辑稿》记载：“两州[②]之民，往往逃绝。”

《建炎以来系年要录》记载：“民去本业，十室而九，其不耕之田，千里相望，流移之人，非朝夕可还。”

《夷坚志》记载：“自鄂渚至襄阳七百里，经乱离以后，长途莽莽，杳无居民。”

此类记载数不胜数。据学者吴松弟在《中国移民史》中的考证，靖康之乱期间，约有五百万人口从北方迁往南方。而在南方迁入地中，江浙地区自然成了北方人的首选，这既与南宋都城所在地有关，也离不开地理气候的优越性。此外，作为距离西北更近的四川地区，同样受到南迁人口的青睐。

史籍对于宋朝人口的记载，在统计方式、标准及范围上都存在不少漏洞，因此关于宋朝人口的具体数字，史学界一直存在不少争议。据学者葛剑雄的考据与推测，至端平二年（公元1235年），南宋人口为5800万~6400万，约占南北方总人口的60%。此后，南方人口数量进一步增加，到元朝至顺年间（公元1330—1332年），南方人口约占全国总人口的80%，按照元朝人口高峰值8500万计算，南方人口接近7000万，这还未考虑南宋末年战争导致人口锐减的因素。

人口大量涌入之后，南方更多土地得到开垦，朝廷也不得不进行土地改革，抑制土地兼并现象，加之兴修水利、北方生产经验和生产技术的融入，南宋农业生产效率大大提高，江浙地区尤为显著。《建炎以来系年要录》中有这么一句话，“两浙号为膏腴沃衍，粒米充羡，初无不耕之土”，民间更有“苏湖熟天下

---

① 金州，位于今陕西省安康市一带。

② 两州，指梁州和洋州，分别位于今陕西省汉中市和洋县一带。

足”的谚语，其盛况可见一斑。

传统农业之外，南宋的手工业、商业等领域也呈现空前繁荣之势。桑蚕、渔业、茶叶、木业、瓷器、农具、棉布等，各行各业都迎来蓬勃生机。

譬如，《嘉泰会稽志》记载了当时渔业的盛况：“会稽、诸暨以南，大家多凿池养鱼为业。每春初，江州有贩鱼苗者，买放池中，辄以万计。”

譬如，得益于航海技术的进步、开放的海外贸易政策、商品经济的活跃，海上丝绸之路在南宋进入鼎盛期，龙泉窑和景德镇的青瓷等产品因此蜚声海外。

而北方人口的南渡，尤其是缙绅、士大夫群体的到来，也为南宋文化注入新的活力，朱熹的理学、陆九渊的心学，陆游、辛弃疾、李清照等大文学家的作品等，无一不影响至今。

建炎南渡之后，南宋统治者缺乏北伐动力，这是其软弱性的表现；然而，用财物换取和平，为百姓谋来切实利益，亦是幸事。

纵观中国历史，三次南渡，表面上是兵燹逼迫的无奈迁徙，内里却是文明拓展的必然之路。这种“被动的开放”，倒逼中华文明突破地理桎梏，从封闭的陆权帝国走向海陆交织的广阔空间。中国文化之演进，不在固守中扩张，而在迁徙中新生。中原饱经风雨而屹立不倒，江南从蛮荒蜕变至繁华，中华民族的韧性，正是在一次次“南渡”中淬炼而成，最终书写出一部多元的文明史诗。

青史堂

QINGSHITANG